Dr. C. Bruhns

Neue Bestimmung der Längendifferenz zwischen der Sternwarte

in Leipzig

und der neuen Sternwarte auf der Türkenschanze in Wien

Dr. C. Bruhns

Neue Bestimmung der Längendifferenz zwischen der Sternwarte in Leipzig
und der neuen Sternwarte auf der Türkenschanze in Wien

ISBN/EAN: 9783741172250

Hergestellt in Europa, USA, Kanada, Australien, Japan

Cover: Foto ©Andreas Hilbeck / pixelio.de

Manufactured and distributed by brebook publishing software
(www.brebook.com)

Dr. C. Bruhns

Neue Bestimmung der Längendifferenz zwischen der Sternwarte in Leipzig

NEUE BESTIMMUNG

DER

LÄNGENDIFFERENZ

ZWISCHEN DER

STERNWARTE IN LEIPZIG

UND DER

NEUEN STERNWARTE AUF DER TÜRKENSCHANZE IN WIEN.

AUF TELEGRAPHISCHEM WEGE AUSGEFÜHRT

UNTER LEITUNG DER

PROFESSOREN C. BRUHNS UND TH. VON OPPOLZER

VON

DR. WEINEK UND OBERLIEUTENANT RITTER VON STEEB.

HERAUSGEGEBEN

VON

DR. C. BRUHNS,

MITGLIED DER KÖNIGL. SÄCHS. GESELLSCHAFT DER WISSENSCHAFTEN IN LEIPZIG.

Des XII. Bandes der Abhandlungen der mathematisch-physischen Classe der Königl. Sächsischen Gesellschaft der Wissenschaften

Nº IV.

LEIPZIG

BEI S. HIRZEL.

1880.

NEUE BESTIMMUNG
DER
LÄNGENDIFFERENZ
ZWISCHEN DER
STERNWARTE IN LEIPZIG
UND DER
NEUEN STERNWARTE AUF DER TÜRKENSCHANZE IN WIEN.

AUF TELEGRAPHISCHEM WEGE AUSGEFÜHRT
UNTER LEITUNG DER
PROFESSOREN C. BRUHNS UND TH. VON OPPOLZER
VON
DR. WEINEK UND OBERLIEUTENANT RITTER VON STEEB.

HERAUSGEGEBEN
VON
DR. C. BRUHNS
DIRECTOR DER STERNWARTE UND MITGLIED DER K. SÄCHS. GESELLSCHAFT
DER WISSENSCHAFTEN IN LEIPZIG.

I. Einleitung.

Im Jahre 1865 wurde die Längendifferenz zwischen der Sternwarte in Leipzig und der geodätischen Station Laaer Berg bei Wien von Herrn Professor E. Weiss und mir durch Zeitübertragung auf telegraphischem Wege ermittelt und die Differenz zwischen dem Laaer Berg und der alten Sternwarte in Wien auf dem Akademiegebäude am Universitätsplatze auf geodätischem Wege bestimmt, und konnte ich im Jahre 1866 in Bd. XV dieser »Abhandlungen« das Resultat der Bestimmung der Längendifferenz vorlegen.

Als Herr Th. von Oppolzer die Leitung der astronomischen Arbeiten der k. k. österreichischen Gradmessung übernommen hatte, und die neue Sternwarte in Wien ausserhalb der Stadt auf der alten Türkenschanze erbaut wurde, schien es ihm, obwohl er die Längendifferenz zwischen dem Laaer Berge und der Türkenschanze auch auf astronomischem Wege ermittelte, doch von grosser Wichtigkeit, von Neuem die neue Sterwarte direct mit den Sternwarten in Berlin und Leipzig zu verbinden. Ich konnte mich dieser Ansicht nur anschliessen, denn bei der Bestimmung zwischen mir und Professor Weiss waren die Beobachtungen mit Auge und Ohr ausgeführt und die Uhren unter einander durch Coincidenzen mit telegraphisch gegebenen Signalen verglichen. Auch die persönliche Gleichung zeigte sich ziemlich schwankend; sie war, da ein Wechsel der Beobachter nicht stattgefunden hatte, vor der eigentlichen Längenbestimmung an dem Leipziger und nach derselben an dem Wiener Instrument ermittelt und für Sterne von verschiedener Declination verschieden gefunden.

Die Wiederholung nach der Methode des Registrirens, sowohl

der Zeitbestimmungen als auch der Signale, und zu einer andern Jahreszeit und von andern Beobachtern, welche die Stationen wechselten, war daher zugleich eine Controlle für die Sicherheit der früher angewandten Methode. Das neu erhaltene Resultat stimmt mit dem früheren bis auf 0^{s}03, also innerhalb der wahrscheinlichen Fehler, überein, und ist dadurch wiederum nicht nur ein Beweis für die Genauigkeit der Bestimmung der Längendifferenz auf telegraphischem Wege überhaupt als auch dafür geliefert, dass die verschiedenen Methoden zu denselben Werthen führen, wenn nur die nöthigen Vorsichtsmassregeln und die erforderliche Sorgfalt angewandt wird.

Die Beobachtungen wurden im Jahre 1875 ausgeführt in der Zeit vom 7. October bis zum 23. November, und zwar war es, da das Wetter ziemlich unbeständig, nur October 8, 9 und 10, November 2, 3, 4, 14 und 16 an beiden Stationen gleichzeitig klar, während October 7 und November 23 nur in Wien Beobachtungen gelangen, die aber als einseitig nicht benutzt wurden. Die Beobachter waren der erste Observator der Leipziger Sternwarte Herr Dr. Weinek und der Observator der k. k. österreichischen Gradmessung Herr Oberlieutenant Ritter von Steeb. October 8, 9, November 14 und 16 beobachtete Ersterer in Leipzig, Letzterer in Wien; October 10, November 2, 3, 4 Weinek in Wien, von Steeb in Leipzig.

Die Instrumente waren beide vollständig gleich und zwar Passageninstrumente mit gebrochenem Fernrohr von 68mm Oeffnung und 87cm Brennweite aus der Werkstatt von Pistor & Martins in Berlin, ganz dieselben Instrumente, welche im Jahre 1865 zur Verwendung kamen. Beobachtet wurde immer mit der stärksten, der 90fachen Vergrösserung.

Die Registrirapparate waren nach dem 9. October ganz gleiche von Mayer & Wolf in Wien und gehören beide, sowie die Schaltbretter mit den Relais, Boussolen und Widerständen, der k. k. österreichischen Gradmessung. Die Signalstifte der Registrirapparate sind federnde und in feine Spitzen auslaufende Glasröhrchen, welche zum Markiren der Signale mit einem Anilinfarbstoff gefüllt werden. Zwischen den Signalen von den Localuhren und den Localtastern, mit welchen die Durchgänge der Sterne und auch die Signale registrirt wurden, ist die sogenannte Parallaxe, d. i. die Differenz zwischen den

Markirungen der beiden Glasröhrchen, wenn beide gleichzeitig in Bewegung gesetzt werden, ermittelt worden.

Die Parallaxe anzubringen wäre unnöthig, wenn sie immer dieselbe für alle Signale bliebe. Die Glasröhrchen müssen jedoch öfter herausgenommen und gereinigt werden, und da bei dem Einsetzen nicht immer dieselbe Stellung wieder zu erhalten, ist die Parallaxe etwas veränderlich und muss daher berücksichtigt werden.

An den ersten beiden Abenden wurde in Leipzig der Registrirapparat von Ausfeld nach Hansen'scher Construction — siehe die Längenbestimmung zwischen Leipzig und Gotha. Leipzig 1865 — gebraucht, bei welchem die Signale durch Metall-Stifte in den Papierstreifen hineingeschlagen werden. Da die Stifte fest an Hebeln angebracht sind und nie herausgenommen werden, ist die Differenz zwischen den Signalen der beiden Stifte, wenn dieselben gleichzeitig gegeben werden, immer dieselbe, und daher war die Anbringung einer Parallaxe für die ersten Abende in Leipzig unnöthig.

Die Instrumente sind schon anderweitig beschrieben; so die Passageninstrumente in der Längenbestimmung Berlin-Lund, die Registrirapparate von C. von Littrow, das Schaltbrett von Herrn von Oppolzer in den Sitzungsberichten der Wiener Akademie Band LII und LXIX.

Die kaiserlich deutsche und auch die k. k. österreichische Generaldirection der Telegraphen gestatteten mit der grössten Liberalität die unentgeltliche Benutzung directer Telegraphenleitungen in den Nachtstunden und gewährten jede erforderliche Hilfe, wofür den schuldigen Dank hier auszusprechen mir zu besonderer Freude gereicht.

II. Das Beobachtungsprogramm.

Herr von Oppolzer hat für seine Längenbestimmungen eine Anzahl von zu beobachtenden Sternen zusammengestellt und nennt einen Satz von 7—10 aufeinander folgenden Sternen eine Zeitbestimmung.

Es folgen zuerst 3—4 Sterne nicht schwächer als 6. Grösse und nicht zu weit vom Aequator entfernt, die in Intervallen von

3—5 Zeitminuten nach einander culminiren, dann ein Polstern, bei dessen Culmination umgelegt wird, und alsdann wieder 3—5 Sterne wie vorhin. Vor Anfang der Beobachtung und besonders vor der Umlegung wurde nivellirt und nach der Umlegung ebenfalls, und kommen sowohl in Leipzig als in Wien auf jede Zeitbestimmung im Durchschnitt zwischen 3 und 4 Nivellirungen.

Die dem Aequator nahen Sterne, die sogenannten Zeitsterne, sind ferner so gewählt, dass ihre mittlere Zenithdistanz nach Süden nahe eben so gross ist, als die Zenithdistanz der Polsterne nach Norden. Es betrug z. B. die mittlere Zenithdistanz der Polsterne für Leipzig 38°, für Wien 41°, die der Zeitsterne für Leipzig 47°, für Wien 44°. Durch gleiche Zenithdistanzen wird ein Theil der noch etwa vorhandenen Instrumentalfehler eliminirt.

An jedem Abend wurden zweimal Zeitsignale von Leipzig nach Wien und umgekehrt registrirt und zwar *vor* den Sternbeobachtungen und *nach* denselben, so dass das Mittel aus den Zeitsignalen jedesmal nahe zusammenfällt mit dem Mittel aus den Sternbeobachtungen. Es war vorher ausgemacht, dass nach vorherigem Anrufen und Probiren von jeder Station viermal je 16 Signale in Intervallen von circa $1\frac{1}{2}$ Secunde gegeben werden sollten. Es wurden ferner bei dem Geben dieser Signale Widerstände benutzt, so dass der abgehende und ankommende Strom nahe gleich stark war und konnten mit dem von Herrn *von Oppolzer* beschriebenen Schaltbrett die erforderlichen Stromstärken sehr schnell und bequem eingestellt werden. Die Stromstärken selbst wurden an Bussolen gemessen und möglichst jede Aenderung in der Empfindlichkeit der Relais vermieden. Die Registrirapparate standen mit den empfindlichen Relais in unmittelbarer Verbindung.

Wegen des unbeständigen Wetters in der schon vorgeschrittenen Jahreszeit wurde zur Regel gemacht, von den in der folgenden Tabelle I enthaltenen in sechs Gruppen getheilten Sternen womöglich drei Gruppen gleichzeitig zu beobachten und musste sich die Reihenfolge der Gruppen nach dem Wetter richten. Aus der Tabelle ersieht man, welche Sterne an beiden Orten gleichzeitig beobachtet werden konnten. Das Zeichen * bedeutet: *beobachtet*, das Fehlen jedes Zeichens bedeutet: *nicht beobachtet*. Man sieht, dass im Durchschnitt auf beiden Stationen gleichzeitig an jedem der acht

Abends nahe drei Zeitbestimmungen mit etwa zwanzig gemeinsamen Sternen und drei Polsternen enthalten sind. Das Beobachtungsschema lässt sich daher dahin zusammenfassen:

Beobachtungsschema.

Signalwechsel (von jeder Station viermal 16 Signale).

Erste Zeitbestimmung mit Umlegung.	Zweimal nivellirt vor, zweimal nivellirt nach der Umlegung.
Zweite Zeitbestimmung mit Umlegung.	Zweimal nivellirt vor, zweimal nivellirt nach der Umlegung.
Dritte Zeitbestimmung mit Umlegung.	Zweimal nivellirt vor, zweimal nivellirt nach der Umlegung.

Signalwechsel (von jeder Station viermal 16 Signale).

In der Uebersicht der Beobachtungen in Tabelle I enthält die erste Columne die angenommenen mittleren Oerter der beobachteten Sterne für 1875,0. Dieselben wurden dem provisorischen Kataloge des Herrn von Oppolzer entnommen, denn die Positionen haben auf die Endresultate, da auf beiden Stationen dieselben Sterne zur Ableitung der Längendifferenz benutzt sind, keinen Einfluss. Der provisorische Katalog bezieht sich, was die Zeitsterne anbetrifft, auf das Newcomb'sche Verzeichniss der Maskelyne'schen Sterne. Die in demselben nicht enthaltenen Sterne sind dem Pulkowaer Katalog, dem Nautical Almanac (1875) und der Connaissance des Temps (1875) entnommen und als Reduction auf das gewählte System angenommen:

für den Pulkowaer Katalog: $+0^s.019$,

" " Nautical Almanac:

$$+0^s.029 + 0^s.015 \cos\alpha - 0^s.009 \sin\alpha - 0^s.009 \frac{\text{Decl.} - 10^\circ}{10^\circ},$$

" die Connaissance des Temps:

$$+0^s.044 + 0^s.020 \cos\alpha - 0^s.021 \sin\alpha + 0^s.0045 \frac{\text{Decl.} - 10^\circ}{10^\circ}.$$

Tabelle I. Uebersicht der erhaltenen

Sterne	Grösse	AR 1875,0	Decl. 1875,0	October 8 Wien Merk	October 8 Leipzig Weinek	October 9 Wien Merk	October 9 Leipzig Weinek
(23 Hevelii)	6	20h 16m 59s.10	+ 4° 56'.7	•	•		
(π Capricorni)	5	20 20 9.88	−18 37.2	•	•		
(69 Aquilae)	5	20 23 7.05	− 3 18.0	•	•		
Polstern K (O. C.)	6.8	20 34 38.17	+81 0.5	•	•		
(15 Delphini)	6	20 43 40.40	+12 4.8	•	•		
μ Aquarii	5	20 45 54.66	− 9 27.1	•	•		
(16 Delphini)	6	20 49 40.75	+12 5.5	•	•		
θ Capricorni	4	20 58 55.10	−17 43.7		•	•	•
61¹ Cygni	6	21 1 17.62	+38 8.4	•		•	
61² Cygni	6	21 1 19.12	+38 8.1	•		•	
(γ Equulei)	5	21 4 15.83	+ 9 37.7	•	•	•	•
α Equulei	4	21 9 34.19	+ 4 43.9	•	•	•	•
Polstern F (O. C.)	4.4	9 19 5.66	+81 52.5	•	•	•	•
(ι Capricorni)	5	21 30 4.72	−20 4.5	•	•	•	•
(d Aquarii)	6	21 33 12.71	+ 1 44.0	•	•	•	•
ε Pegasi	2	21 38 2.83	+ 9 18.2	•	•	•	•
16 Pegasi	5	21 47 22.34	+25 20.3	•		•	
α Aquarii	3	21 59 24.80	− 0 55.6	•		•	
θ Pegasi	3	22 3 53.67	+ 5 35.0	•	•	•	•
(44 Aquarii)	6	22 7 23.63	−21 44.7	•	•	•	•
θ Aquarii	4	22 10 46.21	− 8 24.3	•	•	•	•
Polstern L (O. C.)	5.3	22 22 57.22	+85 28.7	•	•	•	•
ζ Pegasi	3	22 35 13.66	+10 10.8	•	•	•	•
(68 Aquarii)	6	22 40 50.14	−20 15.9	•	•	•	•
λ Aquarii	4	22 46 5.52	− 8 14.7	•	•	•	•
α Piscis austrini	1	22 50 44.39	−30 17.1			•	
α Pegasi	2	22 58 32.13	+14 32.0			•	
(58 Pegasi)	5	23 3 43.86	+ 9 8.7			•	•
(φ Aquarii)	4	23 7 50.88	− 6 43.4			•	•
γ Piscium	4	23 10 44.12	+ 2 36.0			•	•
Polstern M (O. C.)	5.8	23 27 30.31	+86 37.1			•	•
(24 Piscium)	6	23 43 3.44	+ 0 23.0			•	•
(ψ Pegasi)	6	23 46 7.84	+18 25.6			•	•
ω Piscium	4	23 52 53.57	+ 6 10.3			•	•
α Andromedae	2	0 1 55.76	+28 24.0			•	
γ Pegasi	3	0 6 48.04	+14 29.3				
12 Ceti	6	0 23 39.58	− 4 38.9				
(53 Piscium)	6	0 33 20.92	+20 45.1				
β Ceti	2	0 37 18.84	−18 40.4				
(58 Piscium)	5	0 40 30.34	+11 47.5				
Polstern A (O. C.)	4.8	0 52 1.07	+85 35.4				
(η Ceti)	3	1 2 17.98	−10 50.7				
(φ Piscium)	5	1 6 57.87	+23 56.3				
(f Piscium)	5	1 11 24.08	+ 2 57.3				
η Piscium	4	1 24 47.78	+14 42.0				
(π Piscium)	6	1 30 28.42	+11 30.1				
ο Piscium	5	1 34 55.62	+ 4 54.3				
Polstern G (O. C.)	6.3	13 46 0.31	+83 22.8				
(60 Ceti)	6	1 58 47.06	− 0 28.5				
α Arietis	2	2 0 7.80	+22 52.2				
(15 Arietis)	6	2 3 42.09	+18 54.6				
67 Ceti	6	2 10 44.95	− 6 59.9				
ξ² Ceti	4	2 21 30.86	+ 7 53.9				

Beobachtungen in Leipzig und Wien.

October 12		November 2		November 3		November 4		November 14		November 16	
Leipzig Struve	Wien Weisse	Leipzig Struve	Wien Weisse	Leipzig Struve	Wien Weisse	Leipzig Struve	Wien Weisse	Wien Struve	Leipzig Weisse	Wien Struve	Leipzig Weisse

Die Sterne, deren Namen in Klammern gesetzt sind, wurden aus minder genauen Katalogen entlehnt, doch sind die Positionen von diesen auch im Mittel innerhalb 0:05 sicher.

Für 61 Cygni ist die Parallaxe (0.″45) berücksichtigt, und als Correction für dieselbe sind folgende Werthe an die scheinbaren Oerter des Sternes angebracht:

September 28.5 . . .	0:029
October 18.5	0.035
November 7,6	0.037

Die Positionen der mit den Buchstaben K, F, L, M, A und G bezeichneten Polsterne sind dem Albrecht'schen Verzeichniss im »Generalbericht über die Europäische Gradmessung 1873« entnommen. An dieselben sind aber noch bei Berechnung der scheinbaren Oerter Correctionen angebracht, welche Herr Dr. Becker am Berliner Meridiankreis bestimmt hat. Der Polstern A ist identisch mit dem Stern Nr. 344 der Anhaltsterne in der »Vierteljahrschrift der Astronomischen Gesellschaft« und stimmt die mit der Becker'schen Correction folgende Position mit der der »Vierteljahrschrift« bis auf — 0:03 überein.

III. Die scheinbaren Oerter der beobachteten Sterne.

Die scheinbaren Oerter der Sterne sind nach den Oppolzer-schen Hülfstafeln, in welchen für jeden Stern die Hülfsgrössen log *a*, log *b*, log *c*, log *d* angegeben sind, berechnet. Bei den Polsternen sind die Mondglieder, wo es nöthig war, berücksichtigt. Die von Dr. Becker bestimmten Correctionen der Polsternpositionen nach Oppolzer's provisorischem Katalog sind:

		Correction in AR.
Polstern	A	+ 0:21
»	F	+ 0.33
»	G	— 0.82
»	K	— 0.07
»	L	+ 0.24
»	M	+ 0.03

Die angewandten scheinbaren Oerter sind in Tabelle II enthalten.

Tabelle II. Scheinbare Oerter der beobachteten Sterne.

Sterne	Oct. 6			Oct. 9	Oct. 19	Nov. 2	Nov. 3	Nov. 4	Nov. 14	Nov. 15
23 Hevelii	20h	17m	1.58			1.20	1.19	1.18	1.03	
(π Capricorni)	20	20	42.88				42.48	42.47		
(69 Aquilae)	20	23	9.74				9.35	9.34	9.20	
(15 Delphini)	20	43	42.89		42.72		42.49	42.48		42.31
μ Aquarii	20	45	57.58		57.42		57.24	57.20		57.04
(16 Delphini)	20	49	43.27		43.40		42.88	42.87		42.69
θ Capricorni	20	58	58.28	58.27	58.42	57.91	57.91	57.89	57.74	
61¹ Cygni	21	1	19.94	19.92	19.72	19.43	19.41	19.39	19.18	
61² Cygni	21	1	21.44	21.42	21.22	20.93	20.91	20.89	20.68	
(γ Equulei)	21	4	18.47	18.46	18.31	18.11	18.10	18.08	17.93	17.92
α Equulei	21	9	37.25	37.24	37.09	36.89	36.88	36.87	36.72	36.71
(ε Capricorni	21	30	8.10	8.09	7.95	7.75	7.74	7.72	7.57	
d Aquarii)	21	33	15.63	15.62	15.49	15.31	15.30	15.29	15.14	15.13
ι Pegasi	21	38	5.64	5.63	5.50	5.31	5.30	5.29	5.14	5.13
16 Pegasi	21	47	25.14	25.13	24.98	24.77	24.75	24.74	24.58	24.56
α Aquarii	21	59	24.88	24.87	24.74	24.59	24.58	24.56	24.43	24.42
θ Pegasi	22	3	56.67	56.66	56.53	56.38	56.37	56.36	56.23	56.21
41 Aquarii	22	7	27.19	27.19	27.07	26.89	26.88	26.87	26.72	26.70
θ Aquarii	22	10	17.48	17.47	17.36	17.20	17.19	17.18	17.04	17.03
ζ Pegasi	22	35	16.70	16.70	16.61	16.46	16.46	16.45	16.32	16.31
68 Aquarii	22	40	53.75	53.75	53.65	53.50	53.49	53.49	53.35	53.33
λ Aquarii	22	46	8.89	8.88	8.80	8.67	8.66	8.66	8.53	8.52
α Piscis austr.	22	50		48.33	48.23	48.07	48.05	48.04	47.89	47.88
α Pegasi	22	58		35.21	35.13	35.01	35.00	34.99	34.87	34.86
(58 Pegasi)	23	3		47.02	46.95	46.84			46.71	46.70
(φ Aquarii)	23	7		54.24	54.21	54.10			53.98	53.97
γ Piscium	23	10		44.42	44.36	44.26			44.16	44.13
21 Piscium	23	43		6.81	6.78	6.70			6.61	6.60
(τ Pegasi)	23	46		11.05	11.03	10.95			10.85	10.84
ω Piscium	23	52		56.90	56.89	56.83			56.74	56.73
α Andromedae	0	1		59.00	58.98	58.92			58.82	58.82
γ Pegasi	0	6			51.33	51.29			51.21	51.21
12 Ceti	0	23							42.98	42.98
(55 Piscium)	0	33							24.23	24.23
β Ceti	0	37							22.16	22.16
(58 Piscium)	0	40							33.68	33.69
(η Ceti)	1	2							21.58	21.59
(φ Piscium)	1	7							1.39	1.40
(f Piscium)	1	11							24.62	24.62
η Piscium	1	24								51.38
(π Piscium)	1	30								32.04
ν Piscium	1	34								59.24
(60 Ceti)	1	56								50.77
α Arietis	2	0								41.64
(13 Arietis)	2	3								45.90
67 Ceti	2	10								48.59
ξ² Ceti	2	21								34.65

Sterne	Oct. 8	Oct. 9	Oct. 19	Nov. 1	Nov. 3	Nov. 4	Nov. 14	Nov. 16
Polstern K (O. C.)	$20^h 31^m 36^s.15$		34.57		32.31	32.15	30.67	30.37
» F (U. C.)	21 19 40.97	44.13	42.68	45.40	43.30	45.50	47.26	47.67
» L (O. C.)	22 22 59.53	59.34	57.35	54.01	53.76	53.40	50.84	50.28
» M (O. C.)	23 27	58.97	57.37	54.18			50.77	50.47
» A (O. C.)	0 52						42.38	42.43
» G (U. C.)	1 48							52.44

IV. Ermittelung der Instrumental-Correctionen.

Von den Instrumentalfehlern wurde die Neigung direct durch das Niveau ermittelt, die Collimation durch Umlegung des Instrumentes, und das Azimut hergeleitet aus den Beobachtungen der Polsterne in Verbindung mit den Zeitsternen oder in Verbindung mit einer vorläufigen Uhrcorrection. Da immer an beiden Stationen dieselben Polsterne beobachtet und zur Herleitung des Azimutes benutzt und die Coefficienten für das Azimut an beiden Stationen nur wenig verschieden sind, haben die durch Fehler in den Positionen der Polsterne hervorgebrachten Unrichtigkeiten im Azimut keinen Einfluss auf das schliessliche Resultat.

1. Das Instrument in Leipzig.

a. *Die Neigung.*

An jedem Abend wurde die Neigung nach dem Programm neun bis zwölf Mal bestimmt. Das sehr gute Niveau ist schon bei ähnlichen Arbeiten angewandt und hat immer eine grosse Genauigkeit ergeben. In der Libelle befindet sich ein Reservoir und konnte daher die Blasenlänge fast immer gleich gehalten werden. Der Werth eines Theiles der Libelle ist nach vielfachen Bestimmungen genau wie früher zu

0″.122

ermittelt.

Die Correction wegen Ungleichheit der Zapfen ist für jeden Beobachter nach dessen Ermittelungen direct angenommen. Um die Grösse: Neigung West minus Neigung Ost, zu bestimmen, sind sämmtliche Nivellirungen benutzt, und um von einer etwaigen, von der Zeit abhängigen Variation der Neigung unabhängig zu sein, wurden durchweg folgende Combinationen eingehalten: Die ersten Neigungen in der Westlage wurden mit den nach zweimaliger Umlegung gefundenen Neigungen in der Westlage zu einem Mittel vereinigt und ebenso die dazwischen liegenden Neigungen in der Ostlage, so dass die Zeiten, für welche diese Neigungen als gültig gefunden sind, fast gleich waren; dann wurde die Grösse Neigung West minus Neigung Ost gebildet.

Wenn das Gewicht einer Nivellirung = 1 angenommen wird, jenes der aufeinanderfolgenden Mittel p', p'', p''', z. B. 2, 2, 3 für

$$\frac{W'+W''}{2}, \quad \frac{O'+O''}{2}, \quad \frac{W'''+W''''+W'''''}{3},$$

dann ist das Gewicht der schliesslichen Differenz, West — Ost

$$P = \frac{4p'p''p'''}{4p'p''' + p''(p'+p''')} = 1.41\,.$$

Herr Weineck fand für West — Ost bei dem Leipziger Instrument $+0^p172$, Herr von Steeb $+0^p336$.

Die angestellten Nivellirungen sind in der folgenden Tabelle gegeben und, um sie mit einander vergleichen zu können, sämmtlich auf die Kreislage West reducirt.

Tabelle III. Beobachtete Neigungen in Leipzig.

Tag		Uhrzeit	Kreislage	Neigung	Neigung, bezogen auf Kreis West
1875.	October 8	20^h1	W	$+0^p44$	$+0^p440$
	Beobachter	20.5	W	+0.40	+0.400
	Weineck	20.9	O	+0.40	+0.872
		21.3	O	−0.21	+0.262
		21.5	W	−0.21	−0.210
		21.7	W	+0.40	+0.400
		22.0	W	+0.075	+0.075
		22.5	O	+0.175	+0.647
		22.8	O	+0.29	+0.762

Tag		Uhrzeit	Kreislage	Neigung	Neigung, bezogen auf Kreis West
1875.	October 9	20ʰ9	O	+0″06	+0″532
	Beobachter	21.5	W	−0.50	−0.500
	Weinek	21.7	W	+0.44	+0.440
		22.0	W	+0.14	+0.140
		22.3	W	+0.55	+0.550
		22.5	O	−0.06	+0.422
		22.9	O	−0.30	+0.172
		23.3	O	−0.65	−0.378
		23.6	W	+0.01	+0.010
		23.9	W	0.00	0.000
	October 19	20.6	O	−0.87	−0.634
	Beobachter		W	−0.92	−0.920
	von Steeb	bis	W	−0.55	−0.550
			W	−0.25	−0.250
		21.3	W	−0.02	−0.020
		21.3	O	−0.50	−0.164
		bis	O	−0.40	−0.064
			O	−0.15	+0.186
		22.4	O	−0.72	−0.384
		22.4	W	−0.12	−0.120
		bis	W	0.00	0.000
			W	0.00	0.000
		23.5	W	+0.15	+0.150
		23.5	O	−0.20	+0.138
		bis 23.9	O	−0.10	+0.236
	November 2	21.0	W	−0.02	−0.020
	von Steeb	bis 21.3	W	0.00	0.000
		21.3	O	−0.52	−0.184
		bis	O	−0.35	−0.014
			O	−0.75	−0.414
		22.4	O	−0.80	−0.464
		22.4	W	−0.72	−0.720
		bis	W	−0.07	−0.070
			W	+0.15	+0.150
		23.5	W	−0.20	−0.200
		23.6	O	−0.32	−0.484
		bis 23.9	O	−0.40	−0.064
	November 3	20.3	O	−0.05	+0.286
	von Steeb	bis 20.8	O	−0.32	−0.184

Tag	Uhrzeit	Kreislage	Neigung	Neigung, bezogen auf Kreis West
1875. November 3	20ʰ6	W	−0ʳ30	−0ʳ300
Beobachter		W	+0.10	+0.100
von Steeb	bis	W	+0.15	+0.150
	21.3	W	0.00	0.000
	21.3	O	−0.32	+0.016
	bis	O	−0.50	−0.164
		O	−0.22	+0.116
	22.4	O	−0.97	−0.634
	22.4	W	−0.20	−0.200
	bis 22.8	W	+0.27	+0.270
November 4	20.3	O	−0.05	+0.286
von Steeb	bis 20.6	O	−0.57	−0.234
	20.6	W	−0.25	−0.250
	bis	W	−0.20	−0.200
		W	+0.37	+0.370
	21.3	W	+0.47	+0.470
	21.3	O	+0.07	+0.406
	bis	O	−0.32	+0.016
		O	−0.37	−0.034
	22.4	O	−0.35	−0.014
	22.4	W	+0.02	+0.020
	bis 22.8	W	+0.02	+0.020
November 14	22.3	W	−0.05	−0.050
Beobachter	22.5	O	−0.05	+0.422
Weinek	23.0	O	−0.10	+0.372
	23.3	O	+0.05	+0.522
	23.6	W	+0.20	+0.200
	0.0	W	+0.59	+0.590
	0.5	W	+0.86	+0.860
	0.8	W	+0.975	+0.975
	1.0	O	−0.21	+0.262
	1.3	O	0.00	+0.472
	1.6	W	+0.44	+0.440
November 16	21.2	W	+1.325	+1.325
Weinek	21.6	O	+0.31	+0.782
	21.9	O	0.00	+0.472
	22.3	O	+0.125	+0.597
	22.6	W	+0.80	+0.800

Tag		Uhrzeit	Kreislage	Neigung	Neigung, bezogen auf Kreis West
1874.	November 16	$22^{h}0$	W	$+0^{p}775$	$+0^{p}775$
	Beobachter	23.3	W	+0.95	+0.950
	Weinek	23.7	O	+0.59	+1.062
		0.3	O	+0.70	+1.172
		0.8	O	+0.19	+0.662
		1.0	W	+0.875	+0.875
		1.3	W	+0.94	+0.940
		1.7	W	+1.025	+1.025
		1.9	O	+0.525	+0.997
		2.3	O	+0.275	+0.747

Aus diesen Werthen sind aus je zwei, drei oder vier Neigungen die Mittel genommen und ist hierbei nicht ganz gleichmässig verfahren. Herr Weinek hat nämlich, da die resultirende halbstündliche Variation der Neigung innerhalb der Unsicherheit der Neigungsermittelung liegt, für jede Zeitbestimmung, abgesehen von der Correction wegen Zapfenungleichheit, nur eine Neigung angenommen; während Herr von Steeb die Neigung für jede Kreislage getrennt einführte. Aus dem Mittel der Uhrzeiten verschwindet diese Differenz und nur wenn man die Zeitbestimmungen in Kreislage Ost und West gesondert untersuchen wollte, kann sich die Verschiedenheit des Verfahrens bemerkbar machen. An die erhaltenen Mittel ist dann die Ungleichheit der Zapfen angebracht, und nach Umwandlung der Libellentheile in Zeitsecunden ist die folgende Tabelle IV der definitiven Neigungen entstanden.

Tabelle IV. Ableitung der angewandten definitiven Neigungen in Leipzig.

1875, Tag	Mittel der Uhrzeiten	Mittel der Neigungen, bezogen auf Kreis West	Neigung reducirt wegen Zapfenungleichheit		Definitive Neigung in Zeitsecunden	
			West	Ost	West	Ost
October 8	$20^{h}5$	$+0^{p}471$	$+0^{p}353$	$+0^{p}117$	$+0^{s}043$	$+0^{s}014$
Beobachter	21.5	+0.151	+0.033	−0.203	+0.004	−0.025
Weinek	22.4	+0.495	+0.377	+0.141	+0.046	+0.017
October 9	21.4	+0.457	+0.039	−0.197	+0.005	−0.024
Weinek	22.4	+0.321	+0.203	−0.033	+0.025	−0.004
	23.6	−0.123	−0.241	−0.477	−0.029	−0.058

1875, Tag	Mittel der Uhrzeiten	Mittel der Neigung, bezogen auf Kreis West	Neigung reducirt wegen Zapfenungleichheit		Definitive Neigung in Zeitsecunden	
			West	Ost	West	Ost
October 19	20ʰ6	−0ᵖ534	−0ᵖ618	−0ᵖ786	−0ˢ075	−0ˢ096
Beobachter	20.9	−0.435	−0.519	−0.687	−0.063	−0.084
von Sterb	21.8	−0.106	−0.190	−0.358	−0.023	−0.044
	22.9	+0.007	−0.077	−0.245	−0.009	−0.030
	23.7	+0.186	+0.102	−0.066	+0.012	−0.008
November 2	21.2	−0.010	−0.094	−0.262	−0.014	−0.032
von Sterb	21.8	−0.269	−0.353	−0.521	−0.043	−0.063
	22.9	−0.210	−0.294	−0.462	−0.036	−0.056
	23.7	−0.124	−0.208	−0.376	−0.025	−0.046
November 3	20.4	+0.051	−0.033	−0.201	−0.004	−0.024
von Sterb	20.9	−0.012	−0.096	−0.264	−0.012	−0.032
	21.8	−0.167	−0.251	−0.419	−0.031	−0.051
	22.8	+0.035	−0.049	−0.217	−0.006	−0.026
November 4	20.4	+0.026	−0.058	−0.226	−0.007	−0.027
von Sterb	20.9	+0.098	+0.014	−0.154	+0.002	−0.019
	21.8	+0.093	+0.009	−0.159	+0.001	−0.019
		+0.020	−0.064	−0.232	−0.008	−0.028
November 14	22.6	+0.248	+0.130	−0.106	+0.016	−0.013
Beobachter	23.6	+0.437	+0.319	+0.083	+0.039	+0.010
Weinek	1.0	+0.602	+0.484	+0.248	+0.059	+0.030
November 16	21.5	+0.860	+0.742	+0.506	+0.091	+0.062
Weinek	22.4	+0.698	+0.580	+0.344	+0.071	+0.042
	23.6	+0.990	+0.872	+0.636	+0.106	+0.078
	1.0	+0.826	+0.708	+0.472	+0.086	+0.058
	2.0	+0.923	+0.805	+0.569	+0.098	+0.069

Eine der Zeit proportionale Aenderung der Neigung ist nicht zu erkennen. Es ist die Variation der Neigung in einer Stunde aus Tabelle III in Leipzig nur −0ᵖ004. Der wahrscheinliche Fehler einer Nivellirung findet sich ±0ᵖ22, daher der der definitiven Neigungen, bei welchen im Durchschnitt 3.1 Nivellirungen zu einem Mittel vereinigt sind, zu

$$\pm 0^p12 = 0^s015 .$$

b. *Die Collimation.*

Die Ableitung des Collimationsfehlers aus den an den verschiedenen Abenden beobachteten Polsternen geschah nach der Formel:

$$c = \pm \tfrac{1}{2} \left[(T_o - T_w) \cos \delta + (J_o - J_w) \cos (\varphi \mp \delta) \right] \begin{matrix} \text{O. C.} \\ \text{U. C.} \end{matrix} ,$$

in welcher T_o und T_w die beobachteten Uhrzeiten der Fäden, reducirt auf den Mittelfaden, J_o und J_w die Neigungen der Verbindungslinien der Mittelpunkte der Kreiszapfen (stets auf die Westseite bezogen) in Kreis Ost und Kreis West bezeichnen. Da von Herrn Weinek die Neigung für die ganze Zeitbestimmung als constant angenommen, ist in diesem Falle die Grösse $J_o - J_w$ auch constant und abhängig von der Correction wegen Zapfenungleichheit. Es besteht nämlich die Gleichung:

$$J_o - J_w = \tfrac{1}{2} \, (\text{West} - \text{Ost}) \begin{cases} = -0\overset{s}{.}0288 \text{ in Leipzig,} \\ = -0.0512 \text{ in Wien.} \end{cases}$$

Bei Herrn von Steeb's Beobachtungen ist die Differenz $J_o - J_w$ wegen der für jede Kreislage als constant angenommenen Neigung für jede Zeitbestimmung verschieden.

Noch ist zu erwähnen, dass bei der Reduction von den Seitenfäden auf den Mittelfaden sowohl der Polstern- als auch der Zeitstern-Beobachtungen der individuellen Auffassung der Fäden dadurch Rechnung getragen ist, dass aus den Beobachtungen jedes Beobachters

Tabelle V. Ableitung der

1875, Tag	Stern	Durchgangszeit Kreis West	Correction für c	Durchgangszeit Kreis Ost
October 8	K (O. C.)	20h 36m 51s.13	+0s.24	20h 36m 47s.23
	F (U. C.)	21 21 30.01	−0.02	21 21 34.25
	L (O. C.)	22 25 11.14	+0.48	22 25 1.44
October 9	F (U. C.)	21 21 31.28	−0.02	21 21 35.58
	L (O. C.)	22 25 13.30	+0.26	22 25 5.52
	M (O. C.)	23 30 12.72	−0.40	23 30 1.85
October 19	K (O. C.)	20 37 4.78	−0.33	20 37 1.36
	F (U. C.)	21 21 46.47	+0.29	21 21 50.83
	L (O. C.)	22 25 25.98	−0.14	22 25 17.62
	M (O. C.)	23 30 23.01	−0.14	23 30 11.75
November 2	F (U. C.)	21 22 6.53	+0.05	21 22 10.95
	L (O. C.)	22 25 38.78	−0.12	22 25 30.92
	M (O. C.)	23 30 30.41	−0.55	23 30 26.34

für sich die Fadendistanzen abgeleitet und angewendet sind. Es haben sich folgende Fadendistanzen gefunden:

Leipziger Passageninstrument			Wiener Passageninstrument		
Faden	Weisek	von Steeb	Faden	Weisek	von Steeb
1	40:270	40:253	1	36:628	36:614
2	26.728	26.735	2	32.129	32.117
3	17.881	17.831	3	27.985	27.982
4	13.427	13.443	4	18.230	18.212
5	8.943	8.990	5	13.254	13.234
			6	9.013	8.989
7	9.004	9.014			
8	13.402	13.395	8	9.014	9.018
9	17.887	17.882	9	13.694	13.707
10	26.815	26.852	10	17.586	17.598
11	40.444	40.099	11	27.544	27.543
			12	32.190	32.195
			13	36.408	36.437

Ein eigentliches Gesetz in der Auffassung der Fäden ist nicht vorhanden; im Mittel heben sich die Differenzen fast vollständig auf.

Mit Anwendung obiger Formel ergeben sich für Ableitung der Collimationsfehler folgende Werthe, bei welchen die Federnparallaxe bereits berücksichtigt ist.

Collimation in Leipzig.

Correction für i	Durchgangszeiten corrigirt für i		Durchgangszeit West − Ost	Collimationsfehler	Angewandtes Tagesmittel c_0
	Kreis West	Kreis Ost			
+0.08	51:37	47:34	+4:06	−0:32	
+0.12	29.99	31.37	−1.38	−0.31	−0:31
+0.18	11.62	4.32	+7.30	−0.29	
+0.12	31.26	35.70	−4.44	−0.34	
−0.04	13.56	5.48	+8.08	−0.31	−0.32
−0.80	12.32	1.05	+11.27	−0.33	
−0.56	4.45	0.79	+3.66	−0.29	
+0.19	46.46	51.02	−4.56	−0.32	−0.32
−0.42	25.87	17.20	+8.67	−0.34	
−0.14	22.87	11.61	+11.26	−0.33	
+0.29	8.58	14.24	−4.66	−0.33	
−0.63	38.36	30.29	+8.07	−0.32	−0.32
−0 69	35.86	25.65	+10.21	−0.30	

1875. Tag	Stern	Durchgangszeit Kreis West	Correction für i	Durchgangszeit Kreis Ost
November 3	K (O. C.)	20h 37m 19s.66	−0s.06	20h 37m 15s.52
	F (U. C.)	21 22 7.33	+0.05	21 22 12.39
	L (O. C.)	22 25 38.58	−0.11	22 25 30.59
November 4	K (O. C.)	20 37 20.60	+0.06	20 37 16.66
	F (U. C.)	21 22 8.57	−0.05	21 22 12.88
	L (O. C.)	22 25 39.74	−0.11	22 25 31.09
November 11	L (O. C.)	22 25 50.27	+0.17	22 25 41.17
	M (O. C.)	23 30 48.40	+0.04	23 30 36.55
	A (O. C.)	0 55 11.45	+0.63	0 55 2.16
November 16	F (U. C.)	21 22 24.56	−0.14	21 22 29.29
	L (O. C.)	22 25 49.94	+0.75	22 25 41.79
	M (O. C.)	23 30 48.61	+1.47	23 30 37.65
	A (O. C.)	0 55 12.33	+0.92	0 55 3.00
	G (U. C.)	1 19 1.28	−0.60	1 19 6.68

Betrachtet man die einzelnen Werthe, so ergibt sich kein täglicher Gang, denn derselbe ist, wenn man ihn ableitet, theils positiv theils negativ, und die Summe der Veränderung ist, wenn man dieselbe aus den Differenzen der ersten und letzten Collimation an jedem Tage bildet,

in 19.8 Stunden nur = +0s.01 ,

also verschwindend klein. Es sind daher für die Collimationsfehler die in der letzten Columne der Tabelle V enthaltenen Mittel angenommen.

Der wahrscheinliche Fehler einer Collimation findet sich zu

±0s.012 ,

und der wahrscheinliche Fehler des Mittels aus drei Beobachtungen, welche an den meisten Abenden vorliegen, zu

±0s.007 .

c. *Das Azimut.*

Nachdem die Culminationszeiten der Polsterne wegen Neigung und Collimation corrigirt worden, war aus denselben noch die Correction wegen des Azimutes abzuleiten und wurde zuerst mit Hilfe

Correction für i	Durchgangszeiten corrigirt für i Kreis West	Kreis Ost	Durchgangszeit West — Ost	Collimationsfehler	Angewandtes Tagesmittel c_m
— 0:44	19:60	15:41	+ 4:19	— 0:33	
+ 0.24	7.38	12.63	— 5.25	— 0.37	— 0:34
— 0.53	38.47	30.06	+ 8.44	— 0.33	
— 0.41	20.66	16.55	+ 4.11	— 0.32	
+ 0.40	8.52	12.98	— 4.46	— 0.32	— 0.33
— 0.21	39.63	30.88	+ 8.75	— 0.34	
— 0.14	50.44	40.98	+ 9.46	— 0.37	
+ 0.14	48.64	36.69	+ 11.95	— 0.35	— 0.36
+ 0.32	11.78	2.48	+ 9.30	— 0.36	
— 0.30	24.12	28.99	— 4.87	— 0.34	
+ 0.44	50.69	42.23	+ 8.46	— 0.33	
+ 1.08	50.08	38.73	+ 11.35	— 0.33	— 0.34
+ 0.62	13.25	3.62	+ 9.63	— 0.37	
— 0.42	0.88	6.26	— 5.58	— 0.32	

der Zeitsterne für jeden Abend ein vorläufiges Azimut abgeleitet, alsdann mit demselben sämmtliche Uhrcorrectionen der Zeitsterne ermittelt, und schliesslich mit diesen und den noch mit dem Azimut behafteten Durchgangszeiten der Polsterne das definitive Azimut gefunden.

Nennen wir die noch mit dem Azimut behaftete Culminationszeit des Polsterns aus Ost und West T', die Rectascension α, die vorläufig ermittelte Uhrcorrection Δt, so findet sich das Azimut k durch die Formel:

$$k = \frac{\alpha - T' - \Delta t}{\sin(\varphi \mp \delta) \sec \delta} \begin{bmatrix} \text{O. C.} \\ \text{U. C.} \end{bmatrix}.$$

Die tägliche Aberration ist selbstverständlich berücksichtigt und mit dem Collimationsfehler vereinigt. In der folgenden Tabelle VI sind alle Daten zur Ableitung des Azimuts vorhanden. Angewandt wurde für jeden Abend das arithmetische Mittel aus den erhaltenen Azimuten, denn eine der Zeit proportionale Veränderung ist nicht verbürgt, es kömmt z. B. die Differenz des Azimuts aus Polstern F — K = — 0:14, aus Polstern L — F = + 0:01, aus Polstern M — L = — 0:04, aus Polstern A — M = 0:00, also theils negativ, theils positiv, welches noch von den Fehlern der Polsterpositionen herrühren kann. Die Nichtberücksichtigung einer etwa vorhandenen Variation des Azimuts hebt sich im Endresultat auch wieder auf. Der wahrscheinliche Fehler einer Azimutbestimmung unter der Voraussetzung, dass die erhaltenen Einzelwerthe nicht von constanten Fehlern beeinflusst sind, findet sich im Mittel zu

$$\pm 0\overset{s}{.}07\ .$$

Tabelle VI. Ableitung des

1875, Tag	Polstern	Durchgangszeit corrigirt wegen i und c	α
October 8	K (O. C.)	$20^h\,36^m\,19\overset{s}{.}26$	$20^h\,34^m\,36\overset{s}{.}15$
	F (U. C.)	21 21 32.28	21 19 10.97
	L (O. C.)	22 25 7.80	22 22 59.53
October 9	F (U. C.)	21 21 33.35	21 19 11.13
	L (O. C.)	22 25 9.36	22 22 59.31
	M (O. C.)	23 30 6.46	23 27 58.97
October 19	K (O. C.)	20 37 2.52	20 34 34.57
	F (U. C.)	21 21 48.85	21 19 12.68
	L (O. C.)	22 25 21.38	22 22 57.35
	M (O. C.)	23 30 16.99	23 27 57.37
November 2	F (U. C.)	21 22 9.02	21 19 15.10
	L (O. C.)	22 25 34.11	22 22 54.04
	M (O. C.)	23 30 30.50	23 27 54.18
November 3	K (O. C.)	20 37 17.40	20 34 32.31
	F (U. C.)	21 22 10.11	21 19 15.30
	L (O. C.)	22 25 34.08	22 22 53.76
November 4	K (O. C.)	20 37 18.50	20 34 32.15
	F (U. C.)	21 22 10.86	21 19 15.80
	L (O. C.)	22 25 35.06	22 22 53.48
November 14	L (O. C.)	22 25 45.54	22 22 50.84
	M (O. C.)	23 30 42.44	23 27 50.77
	A (O. C.)	0 55 6.96	0 52 12.38
November 16	F (U. C.)	21 22 26.63	21 19 17.67
	L (O. C.)	22 25 46.30	22 22 50.48
	M (O. C.)	23 30 44.19	23 27 50.17
	A (O. C.)	0 55 8.27	0 52 12.43
	G (U. C.)	1 45 3.58	1 45 52.41

folglich der wahrscheinliche Fehler eines für den Abend angewandten Azimutmittels aus drei Beobachtungen zu

$$\pm 0\overset{s}{.}04\,.$$

Azimutes für Leipzig.

$\alpha - T'$	Δt für die Culminationszeit des Polsterns	$\alpha - T' - \Delta t$	Azimut k	Tagesmittel
$-2^m\,13\overset{s}{.}11$	$-2^m\,16\overset{s}{.}54$	$+3\overset{s}{.}43$	$-1\overset{s}{.}08$	
−2 21.31	−2 16.73	−4.58	−0.89	$-1\overset{s}{.}05$
−2 8.27	−2 16.56	+8.29	−1.17	
−2 22.22	−2 17.74	− 4.48	−0.87	
−2 10.05	−2 17.66	+ 7.61	−1.07	−0.99
−2 7.49	−2 17.69	+10.20	−1.04	
−2 27.95	−2 30.39	+ 2.44	−0.77	
−2 36.17	−2 30.42	− 5.75	−1.19	−0.98
−2 24.00	−2 30.53	+ 6.53	−0.99	
−2 19.62	−2 30.50	+10.88	−1.11	
−2 53.92	−2 47.63	− 6.29	−1.22	
−2 40.10	−2 47.67	+ 7.57	−1.06	−1.15
−2 36.32	−2 47.67	+11.35	−1.16	
−2 45.09	−2 48.32	+3.23	−1.09	
−2 54.81	−2 48.34	−6.47	−1.26	−1.14
−2 40.32	−2 48.43	+8.11	−1.14	
−2 46.35	−2 49.44	+3.09	−0.97	
−2 55.36	−2 49.43	−5.93	−1.15	−1.08
−2 41.58	−2 49.50	+7.92	−1.11	
−2 54.70	−3 2.16	+ 7.46	−1.05	
−2 51.67	−3 2.20	+10.53	−1.08	−1.06
−2 54.58	−3 2.25	+ 7.67	−1.05	
−3 8.98	−3 3.41	−5.57	−1.08	
−2 56.01	−3 3.41	+7.40	−1.04	
−2 54.02	−3 3.47	+9.45	−0.96	−1.07
−2 56.14	−3 3.46	+7.32	−1.00	
−3 11.17	−3 3.41	−7.76	−1.26	

2. Das Instrument in Wien.

a. *Die Neigung.*

Ueber die Ableitung ist schon Alles bei dem Leipziger Instrument gesagt. Es fand sich in Wien:

$$1^p = 0''.095$$

Die Grösse Zapfen West — Ost ist

$$\text{nach Weinek} = +1''.078\,,$$
$$\text{„ von Steeb} = +1.124\,.$$

Die stündliche Aenderung der Neigung findet sich im Durchschnitt zu

$$-0^p.024\,,$$

also auch verschwindend klein.

Der wahrscheinliche Fehler einer Nivellirung ist

$$\pm 0^p.20\,,$$

daher der der definitiven Neigungen, bei welchen im Durchschnitt 3.4 Nivellirungen zu einem Mittel vereinigt sind, zu

$$\pm 0^p.11 = \pm 0''.010\,.$$

Die einzelnen Nivellirungen sind in Tabelle VII, die Mittelwerthe und definitiven Neigungen in Tabelle VIII enthalten.

Tabelle VII. Beobachtete Neigungen in Wien.

1875, Tag	Uhrzeit	Kreislage	Neigung	Neigung, bezogen auf Kreis West
October 8 Beobachter von Steeb	$20^h.3$ bis $20^h.6$	W	$-0^p.10$	$-0^p.100$
		W	+0.27	+0.270
	20.6 bis 21.3	O	−0.80	+0.324
		O	−1.15	−0.026
		O	−1.25	−0.126
		O	−1.10	+0.024
	21.3 bis 22.4	W	+0.27	+0.270
		W	+0.05	+0.050
		W	+0.22	+0.220
		W	+0.50	+0.500

1878, Tag	Uhrzeit	Kreislage	Neigung	Neigung, bezogen auf Kreis West
October 8 von Steeb	22ʰ4 bis 22ʰ7	O	−0ʳ60	+0ʳ324
		O	−0.95	+0.174
October 9 von Steeb	21.0 bis 21.3	O	−0.87	+0.254
		O	−0.97	+0.154
	21.3 bis 22.4	W	+0.32	+0.320
		W	+0.42	+0.420
		W	+0.45	+0.450
		W	+0.45	+0.450
	22.4 bis 23.5	O	−0.67	+0.454
		O	−0.82	+0.304
		O	−1.02	+0.104
		O	−1.00	+0.124
	23.5 bis 0.0	W	+0.45	+0.450
		W	+0.45	+0.450
October 19 Beobachter Weineck	20ʰ9	W	−0.24	−0.240
	21.2	W	+0.80	+0.800
	21.4	O	−0.35	+0.728
	21.7	O	−0.89	+0.188
	21.9	O	−1.04	+0.038
	22.4	O	−0.88	+0.203
	22.7	W	+0.16	+0.160
	22.9	W	−0.04	−0.040
	23.3	W	+0.63	+0.625
	23.6	O	−0.65	+0.428
	0.0	O	−1.49	−0.412
November 2 Weineck	20.4	O	+1.05	+2.128
	20.9	O	+0.76	+1.838
	21.2	O	+1.39	+2.468
	21.4	W	+2.41	+2.410
	21.7	W	+1.99	+1.990
	22.3	W	+2.16	+2.160
	22.5	O	+1.34	+2.418
	22.9	O	+0.44	+1.518
	23.2	O	+1.00	+2.078
	23.6	W	+1.98	+1.975
	23.9	W	+1.96	+1.960
November 3 Weineck	20.3	W	+2.08	+2.075
	20.5	W	+2.66	+2.660
	20.7	O	+1.58	+2.753
	20.9	O	+1.25	+2.328

1878, Tag	Uhrzeit	Kreislage	Neigung	Neigung, bezogen auf Kreis West
November 3	21^h2	O	+1.31	+2.388
Beobachter	21.4	W	+2.36	+2.360
Weinek	21.9	W	+2.11	+2.110
	22.2	W	+2.71	+2.710
	22.6	O	+1.78	+2.853
	22.9	O	+1.25	+2.328
November 4	20.1	O	+1.86	+2.938
Weinek	20.3	O	+2.06	+3.138
	20.6	W	+3.15	+3.150
	20.9	W	+3.20	+3.200
	21.2	W	+3.68	+3.675
	21.4	O	+2.59	+3.668
	21.7	O	+2.08	+3.158
	22.2	O	+2.24	+3.318
	22.6	W	+3.21	+3.210
	22.9	W	+3.10	+3.100
November 14	20^h3 bis 20^h6	W	+1.07	+1.070
Beobachter		W	+1.52	+1.520
von Steeb				
	20.6 bis 21.3	O	+0.40	+1.524
		O	−0.20	+0.924
		O	−0.17	+0.954
	21.3 bis 22.1	W	+1.05	+1.050
		W	+1.00	+1.000
		W	+0.82	+0.820
		W	+1.17	+1.170
	22.1 bis 23.5	O	−0.37	+0.754
		O	−0.67	+0.454
		O	−0.70	+0.424
		O	−0.35	+0.774
	23.5 bis 0.9	W	+0.40	+0.400
		W	+0.55	+0.550
		W	+0.92	+0.920
		W	+0.70	+0.700
		W	+1.17	+1.170
	0.0 bis 1.2	O	−0.17	+0.954
		O	−0.55	+0.574
		O	−0.35	+0.774
		O	0.00	+1.124
November 16	20^h4	O	+0.57	+1.694

1875, Tag	Uhrzeit	Kreislage	Neigung	Neigung, bezogen auf Kreis West
November 16 Beobachter von Steeb	20^h6 bis 21^h3	W	$+0^r97$	$+0^r970$
		W	+0.87	+0.870
		W	+0.95	+0.950
		W	+1.10	+1.100
	21.3 bis 22.4	O	−0.15	+0.974
		O	−0.25	+0.874
		O	−0.62	+0.504
		O	−0.65	+0.474
	22.4 bis 23.5	W	+0.47	+0.470
		W	+0.70	+0.700
		W	+0.72	+0.720
		W	+0.82	+0.820
	23.5 bis 0.9	O	−0.27	+0.854
		O	−0.75	+0.374
		O	−0.72	+0.404
		O	−0.87	+0.254
		O	−0.82	+0.304
	0.9 bis 1.8	W	+0.10	+0.100
		W	+0.47	+0.470
		W	+0.47	+0.470
		W	+0.62	+0.620
	1.8 bis 2.2	O	−0.47	+0.654
		O	−0.75	+0.374

Tabelle VIII. Ableitung der angewandten definitiven Neigungen in Wien.

1875, Tag	Mittel der Uhrzeiten	Mittel der Neigungen, bezogen auf Kreis West	Neigung reducirt wegen Zapfenungleichheit		Definitive Neigung in Zeitsecunden	
			West	Ost	West	Ost
October 8 Beobachter von Steeb	20^h4	$+0^r085$	-0^r196	-0^r758	-0^s019	-0^s072
	20.9	+0.049	−0.232	−0.794	−0.022	−0.075
	21.8	+0.260	−0.021	−0.583	−0.002	−0.055
	22.6	+0.369	+0.088	−0.474	−0.006	−0.047
October 9 von Steeb	21.2	+0.204	−0.077	−0.639	−0.007	−0.061
	21.8	+0.260	−0.021	−0.583	−0.002	−0.055
	22.9	+0.246	−0.035	−0.597	−0.003	−0.057
	23.7	+0.150	−0.131	−0.693	−0.012	−0.066

1875, Tag	Mittel der Uhrzeiten	Mittel der Neigungen, bezogen auf Kreis West	Neigung reducirt wegen Zapfenungleichheit West	Ost	Definitive Neigung in Zeitsecunden West	Ost
October 19	21ʰ4	+0ʺ303	+0ʺ034	−0ʺ805	+0ˢ003	−0ˢ018
Beobachter	22.7	+0.108	−0.161	−0.700	−0.015	−0.056
Weinek	23.6	+0.314	+0.045	−0.194	+0.004	−0.047
November 2	21.1	+2.167	+1.898	+1.359	+0.180	+0.129
Weinek	22.6	+2.199	+1.930	+1.391	+0.183	+0.132
	23.6	+2.004	+1.735	+1.196	+0.165	+0.114
November 3	20.6	+2.454	+2.185	+1.646	+0.208	+0.156
Weinek	21.5	+2.286	+2.017	+1.478	+0.192	+0.140
	22.6	+2.630	+2.361	+1.822	+0.224	+0.173
November 4	20.5	+3.106	+2.837	+2.298	+0.270	+0.218
Weinek	21.4	+3.499	+3.230	+2.691	+0.307	+0.256
	22.6	+3.219	+2.950	+2.411	+0.280	+0.229
November 14	20.4	+1.295	+1.014	+0.452	+0.096	+0.043
Beobachter	21.0	+1.134	+0.853	+0.291	+0.081	+0.028
von Steeb	21.8	+1.010	+0.729	+0.167	+0.069	+0.016
	22.9	+0.601	+0.320	−0.242	+0.030	−0.023
-	0.2	+0.748	+0.467	−0.095	+0.044	−0.009
	1.0	+0.856	+0.575	+0.013	+0.055	+0.001
November 16	20.4	+1.694	+1.413	+0.851	+0.134	+0.081
von Steeb	20.9	+0.972	+0.691	+0.129	+0.066	+0.012
	21.8	+0.706	+0.425	−0.137	+0.040	−0.013
	22.9	+0.578	+0.297	−0.265	+0.028	−0.016
	0.2	+0.438	+0.157	−0.405	+0.015	−0.038
	1.3	+0.448	+0.167	−0.395	+0.016	−0.037
	2.0	+0.514	+0.233	−0.329	+0.022	−0.031

b. *Die Collimation.*

Die zur Ableitung der Collimationsfehler angewandte Formel ist schon bei dem Leipziger Instrument gegeben. Die Variation beträgt in 24.4 Stunden gerade Null und verschwindet daher absolut.

Der wahrscheinliche Fehler einer Collimation beträgt

$$\pm 0\overset{s}{.}015 \,,$$

der eines aus drei Werthen bestehenden Tagesmittels

$$\pm 0\overset{s}{.}009 \,.$$

Die erhaltenen Werthe der Collimation sind in Tabelle IX enthalten.

c. *Das Azimut.*

Die Azimute für das Wiener Instrument sind genau in derselben Weise abgeleitet, wie bei dem Leipziger Instrument und befinden sich die dazu gehörigen Daten in Tabelle X. Auch hier ist ein Gang im Azimut nicht vorhanden, denn die Veränderung findet sich

Polstern	F	—	Polstern	K	im	Durchschnitt	— 0:044 ,
"	L	—	"	F	"	"	+ 0.004 ,
"	M	—	"	L	"	"	+ 0.042 ,
"	A	—	"	M	"	"	0.000 ,

also theils positiv, theils negativ und im Durchschnitt fast Null. Es ist aus den an jedem Abend erhaltenen Azimuten daher das Mittel genommen und bei der Reduction der Beobachtungen angewandt.

Betrachtet man die Abweichungen als zufällige Fehler, so findet sich der wahrscheinliche Fehler einer Azimuthbestimmung zu

$$\pm 0{:}033\ ,$$

der eines Tagesmittels aus drei Einzelwerthen, welche meist vorhanden sind, zu

$$\pm 0{:}02\ .$$

Tabelle IX. Ableitung der

1878, Tag	Stern	Durchgangszeit Kreis West	Correction für i	Durchgangszeit Kreis Ost
October 8	K (O. C.)	20h35m12s.40	−0s.11	20h35m12s.32
	F (U. C.)	21 19 36.38	0.00	21 19 36.53
	L (O. C.)	22 23 39.96	0.00	22 23 39.93
October 9	F (U. C.)	21 39 34.74	0.00	21 19 34.74
	L (O. C.)	22 23 37.88	0.00	22 23 38.23
	M (O. C.)	23 28 42.56	−0.13	23 28 41.57
October 19	F (U. C.)	21 19 21.42	−0.01	21 19 23.48
	L (O. C.)	22 23 25.07	−0.15	22 23 21.52
	M (O. C.)	23 28 28.62	+0.05	23 28 24.73
November 2	F (U. C.)	21 19 42.99	−0.82	21 19 43.82
	L (O. C.)	22 23 7.17	+1.85	22 23 5.44
	M (O. C.)	23 28 11.95	+2.20	23 28 9.52
November 3	K (O. C.)	20 34 43.26	+1.12	20 34 44.06
	F (U. C.)	21 19 17.72	−0.87	21 19 18.57
	L (O. C.)	22 23 11.83	+2.27	22 23 10.08
November 4	K (O. C.)	20 34 50.46	+1.45	20 34 49.12
	F (U. C.)	21 19 24.00	−1.40	21 19 24.93
	L (O. C.)	22 23 16.34	+2.83	22 23 15.34
November 14	K (O. C.)	20 35 22.35	+0.54	20 35 21.79
	F (U. C.)	21 19 56.34	−0.32	21 19 57.49
	L (O. C.)	22 23 49.24	+0.71	22 23 47.06
	M (O. C.)	23 28 53.92	+0.53	23 28 51.32
	A (O. C.)	0 53 10.63	+0.44	0 53 8.99
November 16	K (O. C.)	20 34 22.20	+0.38	20 34 21.88
	F (U. C.)	21 18 56.38	−0.32	21 18 57.59
	L (O. C.)	22 22 48.79	+0.40	22 22 46.66
	M (O. C.)	23 27 52.46	+0.53	23 27 50.15
	A (O. C.)	0 52 14.45	+0.40	0 52 9.37
	G (U. C.)	1 45 29.68	−0.06	1 45 31.16

Tabelle X. Ableitung des

1878, Tag	Polstern	T' Durchgangszeit corrigirt wegen i und c	α
October 8	K (O. C.)	20h35m44s.99	20h34m36s.15
	F (U. C.)	21 19 38.74	21 19 10.97
	L (O. C.)	22 23 39.50	22 22 59.53

Collimation in Wien.

Correction für i	Durchgangszeiten corrigirt für i Kreis West	Kreis Ost	Durchgangszeiten West − Ost	Collimationsfehler	Angewandtes Tagesmittel c_w
−0:43	12:29	11:89	+0:40	−0:03	
+0.36	36.38	36.89	−0.51	−0.04	−0:03
−0.81	39.96	39.42	+0.54	−0.02	
+0.27	34.74	35.01	−0.27	−0.02	
−0.61	37.88	37.62	+0.26	−0.01	−0.03
−0.80	42.43	40.77	+1.66	−0.05	
+0.22	21.41	23.70	−2.29	−0.16	
−0.67	24.92	20.85	+4.07	−0.16	−0.15
−0.63	28.67	24.10	+4.57	−0.13	
−0.59	12.17	13.23	−1.06	−0.08	
+1.34	9.02	6.45	+2.57	−0.10	−0.09
+1.52	14.14	11.04	+3.10	−0.09	
+0.84	46.38	44.90	+1.48	−0.12	
−0.64	16.85	17.93	−1.08	−0.08	−0.10
+1.75	14.10	11.83	+2.27	−0.09	
+1.17	51.61	50.29	+1.32	−0.10	
−1.17	22.60	23.76	−1.16	−0.08	−0.08
+2.32	19.17	17.66	+1.51	−0.08	
+0.16	23.09	21.95	+1.14	−0.09	
−0.14	56.02	57.35	−1.33	−0.09	
−0.20	49.95	46.86	+3.09	−0.12	−0.10
−0.27	54.45	51.05	+3.40	−0.10	
0.00	11.04	8.99	+2.05	−0.08	
+0.43	22.58	22.31	+0.27	−0.02	
+0.03	56.06	57.64	−1.58	−0.11	
−0.10	49.19	46.56	+2.63	−0.10	−0.09
−0.83	52.99	49.62	+3.37	−0.10	
−0.41	11.55	8.96	+2.59	−0.10	
+0.17	29.62	31.33	−1.71	−0.10	

Azimutes in Wien.

$\alpha - T$	Δt für die Culminationszeit des Polarsterns	$\alpha - T - \Delta t$	Azimut k	Tagesmittel
−35:84	−31:83	−4:01	+1:16	
−25.77	−31.80	+6.03	+1.11	+1:11
−39.97	−31.75	−8.22	+1.07	

1875, Tag	Polstern	T' Durchgangszeit corrigirt wegen i und c	α
October 9	F (U. C.)	21h 19m 34.98	21h 19m 11.13
	L (O. C.)	22 23 37.56	22 22 59.31
	M (O. C.)	23 28 41.35	23 27 58.97
October 19	F (U. C.)	21 19 22.66	21 19 12.68
	L (O. C.)	22 23 22.72	22 22 57.35
	M (O. C.)	23 28 26.15	23 27 57.37
November 2	F (U. C.)	21 19 12.84	21 19 15.10
	L (O. C.)	22 23 7.65	22 22 54.04
	M (O. C.)	23 28 12.41	23 27 54.18
November 3	K (O. C.)	20 34 45.60	20 34 32.31
	F (U. C.)	21 19 17.54	21 19 15.30
	L (O. C.)	22 23 12.84	22 22 53.76
November 4	K (O. C.)	20 34 50.91	20 34 32.15
	F (U. C.)	21 19 23.33	21 19 15.50
	L (O. C.)	22 23 18.28	22 22 53.48
November 14	K (O. C.)	20 35 22.46	20 34 30.67
	F (U. C.)	21 19 56.76	21 19 17.26
	L (O. C.)	22 23 18.28	22 22 50.84
	M (O. C.)	23 28 52.58	23 27 50.77
	A (O. C.)	0 53 9.89	0 52 12.36
November 16	K (O. C.)	20 34 24.39	20 34 30.37
	F (U. C.)	21 18 56.02	21 19 17.67
	L (O. C.)	22 22 47.75	22 22 50.28
	M (O. C.)	23 27 51.14	23 27 50.17
	A (O. C.)	0 52 10.13	0 52 12.13
	G (U. C.)	1 45 30.56	1 45 52.41

V. Ermittelung der Uhrdifferenzen.

Es ist schon erwähnt, dass zur Vergleichung der Uhren unter einander an beiden Stationen eine Anzahl von Signalen gegeben wurden, die registrirt sind. Nach der gegenseitigen Verständigung an jedem Abend folgten zunächst etliche Probesignale, darauf zwei Serien von Signalen in Intervallen von etwa 1^s5 und sind von jeder Serie auf jeder Station nur 32 gute Signale abgelesen und dieselben in zwei Gruppen getheilt; im Ganzen sind jeden Abend vor und nach den Zeitbestimmungen von beiden Stationen zusammen 256 Signale

α − T'	Δt für die Culminationszeit des Polsterns	α − T' − Δt	Azimut k	Tagesmittel
− 23:85	− 30:00	+ 6:15	+ 1:14	
− 37.25	− 28.91	− 8.34	+ 1.09	+ 1:14
− 42.38	− 29.80	− 12.58	+ 1.19	
− 9.98	− 16.13	+ 6.15	+ 1.14	
− 25.37	− 16.05	− 9.32	+ 1.21	+ 1.19
− 28.78	− 15.94	− 12.84	+ 1.22	
+ 2.26	− 4.15	+ 6.41	+ 1.18	
− 13.61	− 4.41	− 9.20	+ 1.20	+ 1.23
− 18.23	− 4.56	− 13.67	+ 1.29	
− 13.29	− 8.99	− 4.30	+ 1.24	
− 2.21	− 9.21	+ 7.00	+ 1.29	+ 1.26
− 19.08	− 9.52	− 9.56	+ 1.25	
− 18.76	− 14.23	− 4.53	+ 1.34	
− 7.83	− 14.45	+ 6.62	+ 1.22	+ 1.28
− 24.80	− 14.71	− 10.09	+ 1.31	
− 31.79	− 16.96	− 4.83	+ 1.39	
− 39.50	− 16.98	+ 7.48	+ 1.38	
− 57.44	− 16.96	− 10.48	+ 1.36	+ 1.38
− 61.84	− 16.94	− 14.93	+ 1.41	
− 57.51	− 16.96	− 10.55	+ 1.34	
+ 7.98	+ 13.21	− 5.23	+ 1.51	
+ 20.75	+ 13.24	+ 7.51	+ 1.39	
+ 2.53	+ 13.21	− 10.68	+ 1.39	+ 1.40
− 0.97	+ 13.24	− 14.21	+ 1.35	
+ 2.00	+ 13.18	− 11.18	+ 1.42	
+ 21.85	+ 13.22	+ 8.63	+ 1.33	

abgelesen und benutzt. Dieselben sind für jeden Beobachtungsabend in den folgenden Tabellen XI bis XXVI in der ersten und zweiten, vierten und fünften, siebenten und achten, zehnten und elften Columne enthalten, während in der dritten, sechsten, neunten und zwölften Columne gleich die Differenzen und am Schlusse jeder Tabelle die Mittelwerthe angegeben sind. Die Federparallaxe ist bei den Signalen noch nicht angebracht.

Zeichenwechsel

Tabelle XI. 1875 October 8.

Zeichen gegeben von Wien: Chronograph Wien	Chronograph Leipzig	Differenz	Zeichen gegeben von Leipzig: Chronograph Wien	Chronograph Leipzig	Differenz
20h 15m 11s.69	20h 1m 9s.45	14m 2s.24	20h 12m 9s.28	19h 58m 6s.94	14m 2s.35
13.18	10.90	2.28	10.35	7.99	2.36
14.78	12.51	2.27	12.21	9.88	2.33
16.32	14.09	2.23	13.55	11.19	2.36
17.79	15.55	2.24	14.58	12.21	2.37
19.22	16.98	2.24	16.52	14.19	2.33
20.77	18.52	2.25	18.36	16.01	2.35
22.29	20.03	2.26	19.55	17.20	2.35
23.91	21.67	2.24	21.22	18.87	2.35
25.50	23.23	2.27	22.92	20.58	2.34
27.02	24.75	2.27	24.62	22.28	2.34
28.46	26.20	2.26	25.52	23.14	2.38
29.92	27.64	2.28	27.90	25.56	2.34
31.40	29.15	2.25	29.25	26.89	2.36
32.90	30.64	2.26	30.25	27.90	2.35
20 15 34.56	20 1 32.28	14 2.28	20 12 32.31	19 58 29.96	14 2.35
20h 15m.4	20h 1m.3	14m 2s.257	20h 12m.3	19h 58m.3	14m 2s.351

Tabelle XII. 1875 October 8.

Zeichen gegeben von Wien: Chronograph Wien	Chronograph Leipzig	Differenz	Zeichen gegeben von Leipzig: Chronograph Wien	Chronograph Leipzig	Differenz
23h 18m 1s.55	23h 3m 59s.65	14m 1s.90	23h 15m 3s.05	23h 1m 1s.06	14m 1s.99
2.82	4 0.91	1.91	4.08	2.08	2.00
4.16	2.24	1.92	5.12	3.11	2.01
5.38	3.44	1.94	6.11	4.10	2.01
6.61	4.70	1.91	7.06	5.05	2.01
7.87	5.96	1.91	9.15	7.13	2.02
9.12	7.16	1.96	10.12	8.11	2.01
10.34	8.39	1.95	11.18	9.19	1.99
11.53	9.61	1.92	12.61	10.61	2.00
12.72	10.79	1.93	14.26	12.25	2.01
13.92	12.02	1.90	16.03	14.05	1.98
15.12	13.19	1.93	16.86	14.88	1.98
16.34	14.41	1.93	18.61	16.61	2.00
17.50	15.56	1.94	20.27	18.30	1.97
18.65	16.73	1.92	21.86	19.89	1.97
23 18 19.85	23 4 17.95	14 1.90	23 15 22.47	23 1 20.49	14 1.98
23h 18m.2	23h 4m.1	14m 1s.925	23h 15m.2	23h 1m.2	14m 1s.996

Wien-Leipzig.

Erster Zeichenwechsel.

Zeichen gegeben von Leipzig			Zeichen gegeben von Wien		
Chronograph		Differenz	Chronograph		Differenz
Wien	Leipzig		Wien	Leipzig	
20h 12m 36s.99	19h 58m 34s.66	14m 2s.33	20h 15m 43s.17	20h 1m 40s.93	14m 2s.24
38.36	36.01	2.35	44.54	42.29	2.25
39.52	37.17	2.35	46.00	43.75	2.25
41.10	38.76	2.34	47.33	45.05	2.28
42.52	40.16	2.36	48.69	46.44	2.25
44.82	42.46	2.36	49.97	47.71	2.26
45.78	43.41	2.37	51.37	49.10	2.27
47.22	44.86	2.36	52.82	50.56	2.26
48.90	46.56	2.34	54.27	51.99	2.28
51.00	48.65	2.35	55.60	53.34	2.26
53.16	50.81	2.35	56.96	54.71	2.25
54.41	52.05	2.36	58.33	56.09	2.24
56.44	54.12	2.32	15 59.78	57.55	2.23
59.04	56.72	2.32	16 1.22	1 58.97	2.25
59.90	57.59	2.31	2.60	2 0.34	2.26
20 13 1.86	19 58 59.54	14 2.32	20 16 4.03	20 2 1.79	14 2.24
20h 12m.8	19h 58m.75	14m 2s.313	20h 15m.9	20h 1m.85	14m 2s.254

Zweiter Zeichenwechsel.

23h 15m 53s.18	23h 1m 51s.18	14m 2s.00	23h 18m 39s.93	23h 4m 38s.03	14m 1s.90
54.71	52.72	1.99	41.10	39.16	1.94
56.98	54.96	2.02	42.22	40.29	1.93
15 58.33	56.31	2.01	43.26	41.35	1.91
16 0.53	58.55	1.98	44.35	42.44	1.91
1.35	1 59.37	1.98	45.48	43.54	1.94
3.09	2 1.12	1.97	46.54	44.59	1.95
5.35	3.35	2.00	47.65	45.72	1.93
6.20	4.21	1.99	48.69	46.74	1.95
7.56	5.60	1.96	49.73	47.77	1.96
9.34	7.34	2.00	50.85	48.91	1.94
10.83	8.83	2.00	51.94	50.01	1.93
11.54	9.56	1.98	52.96	51.00	1.96
13.22	11.21	2.01	54.07	52.10	1.97
15.66	13.67	1.99	55.16	53.21	1.95
23 16 16.53	23 2 14.55	14 1.98	23 18 56.28	23 4 54.32	14 1.96
23h 16m.1	23h 2m.1	14m 1s.991	23h 18m.8	23h 4m.8	14m 1s.939

Tabelle XIII. 1875 October 9.

Zeichen gegeben von Wien			Zeichen gegeben von Leipzig		
Chronograph		Differenz	Chronograph		Differenz
Wien	Leipzig		Wien	Leipzig	
20h 23m 1.85	20h 9m 2.19	13m 59.36	20h 20m 0.66	20h 6m 1.12	13m 59.54
3.28	4.60	59.28	1.65	2.12	59.53
4.71	5.36	59.35	2.66	3.10	59.56
5.95	6.59	59.36	3.63	4.08	59.55
7.27	7.93	59.34	4.65	5.10	59.55
8.58	9.23	59.35	6.72	7.16	59.56
9.84	10.57	59.27	7.74	8.20	59.54
11.13	11.85	59.28	9.87	10.34	59.53
12.35	12.94	59.41	11.03	11.48	59.55
13.63	14.31	59.32	12.88	13.36	59.52
14.90	15.59	59.31	14.08	14.54	59.54
16.18	16.88	59.30	15.88	16.34	59.51
17.48	18.11	59.37	16.68	17.11	59.57
22.36	22.99	59.37	18.03	18.48	59.55
23.55	24.19	59.36	19.97	20.45	59.52
20 23 25.90	20 9 26.55	13 59.35	20 20 21.13	20 6 21.60	13 59.53
20h 23m.2	20h 9m.2	13m 59.336	20h 20m.2	20h 6m.2	13m 59.542

Tabelle XIV. 1875 October 9.

0h 27m 11.62	0h 13m 12.61	13m 59.01	0h 24m 20.23	0h 10m 21.14	13m 59.09
13.02	14.04	58.98	21.21	22.15	59.06
14.30	15.27	59.03	22.23	23.12	59.11
15.34	16.31	59.03	23.22	24.12	59.10
16.81	17.81	59.00	24.25	25.15	59.10
17.93	18.95	58.98	26.52	27.43	59.09
19.19	20.15	59.04	27.31	28.20	59.11
20.39	21.38	59.01	29.00	29.93	59.07
21.56	22.55	59.01	30.41	31.30	59.11
22.76	23.74	59.02	32.08	32.98	59.10
23.90	24.91	58.99	33.33	34.25	59.08
25.13	26.12	59.01	34.78	35.68	59.10
26.27	27.25	59.01	35.77	36.66	59.11
27.42	28.39	59.03	37.67	38.59	59.08
28.60	29.59	59.01	38.62	39.53	59.09
0 27 29.77	0 13 30.78	13 58.99	0 24 40.53	0 10 41.45	13 59.08
0h 27m.3	0h 13m.35	13m 59.011	0h 24m.5	0h 10m.5	13m 59.092

Erster Zeichenwechsel.

Zeichen gegeben von Leipzig			Zeichen gegeben von Wien		
Chronograph		Differenz	Chronograph		Differenz
Wien	Leipzig		Wien	Leipzig	
$20^{h}\,20^{m}\,26^{s}.12$	$20^{h}\,6^{m}\,26^{s}.57$	$13^{m}\,59^{s}.55$	$20^{h}\,23^{m}\,29^{s}.45$	$20^{h}\,9^{m}\,30^{s}.19$	$13^{m}\,59^{s}.26$
28.08	28.53	59.55	30.58	31.30	59.28
29.92	30.39	59.53	31.79	32.49	59.30
30.84	31.28	59.56	34.07	34.74	59.33
32.23	32.66	59.57	35.17	35.84	59.33
34.10	34.58	59.52	37.50	38.18	59.32
35.47	35.92	59.55	38.64	39.25	59.39
36.95	37.41	59.54	40.88	41.60	59.28
38.41	38.86	59.55	46.62	47.34	59.28
39.11	39.56	59.55	50.07	50.76	59.31
40.44	40.91	59.53	54.59	55.24	59.35
41.67	42.14	59.53	55.72	56.41	59.31
43.53	43.99	59.54	23 59.06	9 59.80	59.26
45.18	45.66	59.52	24 1.37	10 2.10	59.27
46.06	46.51	59.55	2.52	3.19	59.33
20 20 47.93	20 6 48.38	13 59.55	20 24 8.52	20 10 9.19	13 59.33
$20^{h}\,20^{m}.6$	$20^{h}\,6^{m}.6$	$13^{m}\,59^{s}.543$	$20^{h}\,23^{m}.7$	$20^{h}\,9^{m}.7$	$13^{m}\,59^{s}.308$

Zweiter Zeichenwechsel.

$0^{h}\,24^{m}\,49^{s}.24$	$0^{h}\,10^{m}\,50^{s}.16$	$13^{m}\,59^{s}.08$	$0^{h}\,27^{m}\,35^{s}.68$	$0^{h}\,13^{m}\,36^{s}.66$	$13^{m}\,59^{s}.02$
50.62	51.51	59.11	36.83	37.84	58.99
52.10	53.01	59.09	37.90	38.89	59.01
53.43	54.35	59.08	38.99	39.94	59.05
55.36	56.27	59.09	40.15	41.13	59.02
56.58	57.51	59.07	41.21	42.21	59.00
57.76	10 58.70	59.06	42.30	43.26	59.04
24 59.51	11 0.40	59.11	43.39	44.38	59.01
25 0.92	1.85	59.07	44.61	45.60	59.01
1.76	2.68	59.08	45.72	46.71	59.01
3.62	4.53	59.09	46.81	47.79	59.02
4.90	5.85	59.05	47.91	48.91	59.00
6.39	7.30	59.09	49.05	50.05	59.00
7.53	8.43	59.10	50.23	51.19	59.04
9.51	10.44	59.07	51.31	52.30	59.01
0 25 10.51	0 11 11.42	13 59.09	0 27 52.43	0 13 53.44	13 58.99
$0^{h}\,25^{m}.0$	$0^{h}\,11^{m}.0$	$13^{m}\,59^{s}.083$	$0^{h}\,27^{m}.7$	$0^{h}\,13^{m}.7$	$13^{m}\,59^{s}.014$

Tabelle XV. 1875 October 19.

Zeichen gegeben von Wien — Chronograph — Wien	Leipzig	Differenz	Zeichen gegeben von Leipzig — Chronograph — Wien	Leipzig	Differenz
20h 22m 41s.24	20h 9m 8s.37	13m 32s.87	20h 25m 4s.43	20h 11m 31s.50	13m 32s.93
42.74	9.87	32.87	5.88	32.92	32.96
43.74	10.88	32.86	7.16	34.21	32.95
45.17	12.27	32.90	8.48	35.50	32.98
47.01	14.15	32.86	9.87	36.90	32.97
47.84	14.98	32.86	11.17	38.23	32.94
49.66	16.78	32.88	12.37	39.41	32.96
51.97	19.11	32.86	13.60	40.63	32.97
53.01	20.12	32.89	14.72	41.78	32.94
54.79	21.91	32.88	15.88	42.92	32.96
55.97	23.11	32.86	16.97	44.00	32.97
57.18	24.30	32.88	18.14	45.20	32.94
22 58.96	26.09	32.87	19.28	46.35	32.93
23 0.56	27.68	32.88	20.44	47.47	32.97
1.99	29.15	32.84	21.54	48.59	32.95
20 23 3.06	20 9 30.22	13 32.84	20 25 22.66	20 11 49.72	13 32.94
20h 22m.9	20h 9m.3	13m 32s.869	20h 25m.2	20h 11m.7	13m 32s.954

Tabelle XVI. 1875 October 19.

Zeichen gegeben von Wien — Chronograph — Wien	Leipzig	Differenz	Zeichen gegeben von Leipzig — Chronograph — Wien	Leipzig	Differenz
0h 27m 12s.03	0h 13m 39s.52	13m 32s.51	0h 29m 34s.00	0h 16m 1s.45	13m 32s.55
13.03	40.53	32.50	35.25	2.69	32.56
14.40	41.91	32.49	36.46	3.87	32.59
16.13	43.63	32.50	37.66	5.13	32.53
17.90	45.44	32.46	38.87	6.34	32.53
20.06	47.59	32.47	40.11	7.54	32.57
21.01	48.52	32.49	41.32	8.77	32.55
22.49	50.06	32.43	42.58	10.06	32.52
24.34	51.85	32.49	43.74	11.26	32.48
25.81	53.33	32.48	45.01	12.47	32.54
27.94	55.44	32.50	46.20	13.65	32.55
28.70	56.21	32.49	47.42	14.90	32.52
30.01	57.55	32.46	48.61	16.05	32.56
31.32	13 58.85	32.47	49.73	17.17	32.56
32.68	14 0.18	32.50	50.89	18.38	32.51
0 27 34.01	0 14 1.53	13 32.48	0 29 51.93	0 16 19.38	13 32.55
0h 27m.4	0h 13m.85	13m 32s.483	0h 29m.7	0h 16m.2	13m 32s.544

Erster Zeichenwechsel.

Zeichen gegeben von Leipzig			Zeichen gegeben von Wien		
Chronograph		Differenz	Chronograph		Differenz
Wien	Leipzig		Wien	Leipzig	
$20^{h}25^{m}28^{s}.35$	$20^{h}11^{m}55^{s}.38$	$13^{m}32^{s}.97$	$20^{h}23^{m}9^{s}.07$	$20^{h}9^{m}36^{s}.19$	$13^{m}32^{s}.88$
29.52	56.55	32.97	10.40	37.51	32.89
30.62	57.66	32.96	12.40	39.54	32.89
31.73	58.79	32.94	13.80	40.93	32.87
32.95	11 59.97	32.98	14.86	41.97	32.89
34.14	12 1.18	32.96	16.58	43.66	32.92
35.43	2.49	32.94	17.90	45.02	32.88
36.60	3.62	32.98	19.18	46.32	32.86
37.74	4.80	32.94	20.49	47.61	32.88
38.92	5.96	32.96	21.56	48.69	32.87
40.10	7.11	32.99	23.01	51.16	32.85
41.14	8.18	32.96	24.89	51.97	32.92
42.38	9.43	32.95	27.19	54.32	32.87
43.55	10.62	32.93	28.73	55.82	32.91
44.76	11.80	32.96	30.20	57.34	32.86
20 25 45.93	20 12 12.97	13 32.96	20 23 32.29	20 9 59.40	13 32.89
$20^{h}25^{m}.6$	$20^{h}12^{m}.1$	$13^{m}32^{s}.959$	$20^{h}23^{m}.3$	$20^{h}9^{m}.8$	$13^{m}32^{s}.883$

Zweiter Zeichenwechsel.

$0^{h}29^{m}56^{s}.46$	$0^{h}16^{m}23^{s}.89$	$13^{m}32^{s}.57$	$0^{h}27^{m}40^{s}.12$	$0^{h}14^{m}7^{s}.61$	$13^{m}32^{s}.51$
57.60	25.05	32.55	42.56	10.10	32.46
58.71	26.18	32.53	43.77	11.32	32.45
29 59.84	27.28	32.56	45.13	12.65	32.48
30 0.93	28.37	32.56	46.58	14.10	32.48
2.05	29.50	32.55	47.71	15.22	32.49
3.14	30.61	32.53	49.34	16.84	32.50
4.25	31.70	32.55	51.52	19.02	32.50
5.33	32.78	32.55	52.89	20.40	32.49
6.44	33.91	32.53	54.73	22.28	32.45
7.49	34.95	32.54	55.93	23.44	32.49
8.57	36.01	32.56	57.24	24.78	32.46
9.67	37.11	32.56	27 59.00	26.51	32.49
10.75	38.19	32.56	28 1.44	28.94	32.47
11.81	39.26	32.55	2.94	30.49	32.45
0 30 12.93	0 16 40.36	13 32.57	0 28 4.68	0 14 32.19	13 32.49
$0^{h}30^{m}.1$	$0^{h}16^{m}.5$	$13^{m}32^{s}.551$	$0^{h}27^{m}.9$	$0^{h}14^{m}.3$	$13^{m}32^{s}.479$

Tabelle XVII. 1875 November 2.

Zeichen gegeben von Wien			Zeichen gegeben von Leipzig		
Chronograph		Differenz	Chronograph		Differenz
Wien	Leipzig		Wien	Leipzig	
$20^h 26^m 28^s.04$	$20^h 13^m 24^s.57$	$13^m 3^s.47$	$20^h 28^m 3^s.68$	$20^h 15^m 0^s.13$	$13^m 3^s.55$
29.75	26.29	3.46	4.95	1.42	3.53
31.12	27.64	3.48	6.18	2.66	3.52
32.29	28.82	3.47	7.44	3.88	3.56
33.89	30.43	3.46	8.59	5.06	3.53
35.10	31.62	3.48	9.77	6.28	3.49
36.66	33.20	3.46	10.91	7.39	3.52
38.65	35.20	3.45	12.10	8.57	3.53
40.26	36.80	3.46	13.33	9.81	3.52
41.85	38.40	3.45	14.52	10.98	3.54
43.19	39.71	3.48	15.68	12.12	3.56
44.85	41.40	3.45	16.78	13.25	3.53
46.67	43.20	3.47	17.92	14.39	3.53
47.62	44.15	3.47	19.15	15.59	3.56
49.47	46.02	3.45	20.30	16.76	3.54
20 26 52.28	20 13 48.81	13 3.47	20 28 21.50	20 15 17.97	13 3.53
$20^h 26^m.6$	$20^h 13^m.6$	$13^m 3^s.464$	$20^h 28^m.2$	$20^h 15^m.1$	$13^m 3^s.534$

Tabelle XVIII. 1875 November 2.

$0^h 33^m 47^s.06$	$0^h 20^m 42^s.84$	$13^m 4^s.22$	$0^h 35^m 15^s.78$	$0^h 22^m 11^s.49$	$13^m 4^s.29$
48.83	44.61	4.22	17.13	12.85	4.28
50.03	45.81	4.22	18.41	14.15	4.26
52.44	48.22	4.22	19.74	15.44	4.30
53.86	49.66	4.20	21.04	16.76	4.28
55.44	51.19	4.25	22.49	18.21	4.28
57.85	53.65	4.20	23.80	19.52	4.28
33 59.61	55.38	4.23	25.08	20.80	4.28
34 1.53	57.33	4.20	26.40	22.14	4.26
3.87	20 59.64	4.23	28.11	23.83	4.28
5.37	21 1.13	4.24	30.36	26.07	4.29
7.26	3.04	4.22	31.65	27.36	4.29
9.10	4.87	4.23	33.05	28.74	4.31
10.80	6.59	4.21	34.32	30.05	4.27
12.68	8.44	4.24	35.65	31.37	4.28
0 34 14.05	0 21 9.82	13 4.23	0 35 37.07	0 22 32.78	13 4.29
$0^h 34^m.0$	$0^h 21^m.0$	$13^m 4^s.223$	$0^h 35^m.4$	$0^h 22^m.35$	$13^m 4^s.283$

Erster Zeichenwechsel.

Zeichen gegeben von Leipzig: Chronograph Wien	Chronograph Leipzig	Differenz	Zeichen gegeben von Wien: Chronograph Wien	Chronograph Leipzig	Differenz
20h 28m 27s.31	20h 15m 23s.77	13m 3s.54	20h 26m 54s.35	20h 13m 50s.89	13m 3s.46
28.50	24.96	3.54	56.01	52.55	3.46
29.75	26.25	3.50	56.95	53.48	3.47
30.89	27.38	3.51	26 58.74	55.27	3.47
32.09	28.57	3.52	27 1.07	57.60	3.47
33.21	29.68	3.53	2.39	13 58.93	3.46
34.42	30.87	3.55	3.73	14 0.25	3.48
35.65	32.10	3.55	5.16	1.69	3.47
36.83	33.30	3.53	6.67	3.20	3.47
37.99	34.48	3.51	8.83	5.36	3.47
39.18	35.64	3.54	10.66	7.21	3.45
40.34	36.81	3.53	12.13	8.64	3.49
41.56	38.05	3.51	14.36	10.91	3.45
42.70	39.16	3.54	15.92	12.46	3.46
43.80	40.27	3.53	17.10	13.62	3.48
20 28 44.97	20 15 41.45	13 3.52	20 27 19.05	20 14 15.54	13 3.51
20h 28m.6	20h 15m.5	13m 3s.528	20h 27m.1	20h 14m.0	13m 3s.472

Zweiter Zeichenwechsel.

0h 35m 38s.34	0h 22m 34s.08	13m 4s.26	0h 37m 21s.92	0h 24m 17s.70	13m 4s.22
39.73	35.45	4.28	24.05	19.82	4.23
41.18	36.90	4.28	25.84	21.60	4.24
42.41	38.13	4.28	28.36	24.14	4.22
43.72	39.43	4.29	29.80	25.58	4.22
44.95	40.66	4.29	32.90	28.69	4.21
46.30	42.03	4.27	34.30	30.11	4.19
47.62	43.33	4.29	36.94	32.71	4.23
49.01	44.73	4.28	38.50	34.30	4.20
50.35	46.08	4.27	40.25	36.02	4.23
51.67	47.38	4.29	42.77	38.56	4.21
52.99	48.71	4.28	44.70	40.46	4.24
54.25	49.95	4.30	46.78	42.58	4.20
55.66	51.36	4.30	47.96	43.72	4.24
56.97	52.67	4.30	49.78	45.58	4.20
0 35 58.33	0 22 54.05	13 4.28	0 37 52.06	0 24 47.80	13 4.26
0h 35m.8	0h 22m.7	13m 4s.281	0h 37m.6	0h 24m.6	13m 4s.223

Tabelle XIX. 1875 November 3.

Zeichen gegeben von Wien			Zeichen gegeben von Leipzig		
Chronograph		Differenz	Chronograph		Differenz
Wien	Leipzig		Wien	Leipzig	
20h 10m 32.33	19h 57m 24.57	13m 7.76	20h 12m 9.13	19h 59m 1.31	13m 7.82
34.27	26.51	7.76	10.43	2.60	7.83
36.35	28.64	7.71	11.65	3.82	7.83
38.16	30.43	7.73	12.85	5.03	7.82
39.24	31.51	7.73	13.98	6.18	7.80
41.03	33.32	7.71	15.11	7.28	7.83
42.67	34.95	7.72	16.30	8.45	7.85
44.22	36.47	7.75	17.43	9.60	7.83
45.78	38.05	7.73	18.59	10.77	7.82
47.15	39.42	7.73	19.74	11.90	7.84
48.92	41.17	7.75	20.83	13.01	7.82
51.12	43.38	7.74	21.91	14.11	7.80
53.01	45.26	7.75	22.91	15.08	7.83
54.86	37.14	7.72	25.24	17.43	7.81
57.01	49.28	7.73	26.39	18.58	7.81
20 10 58.12	19 57 50.39	13 7.73	20 12 27.42	19 59 19.61	13 7.81
20h 10m.7	19h 57m.6	13m 7.736	20h 12m.3	19h 59m.2	13m 7.812

Tabelle XX. 1875 November 3.

23h 53m 2.08	23h 39m 53.67	13m 8.41	23h 54m 49.92	23h 41m 41.43	13m 8.49
3.84	55.42	8.42	51.16	42.68	8.48
5.50	57.07	8.43	52.16	43.66	8.50
7.96	39 59.52	8.44	53.10	44.58	8.52
9.00	40 0.54	8.46	54.15	45.65	8.50
10.46	2.07	8.39	55.14	46.64	8.50
12.39	3.95	8.44	56.04	47.54	8.50
14.93	6.52	8.41	56.93	48.43	8.50
16.78	8.35	8.43	57.92	49.44	8.48
18.31	9.91	8.40	54 59.07	50.58	8.49
20.12	11.70	8.42	55 0.54	52.04	8.50
22.13	13.71	8.42	1.94	53.44	8.50
23.10	14.67	8.43	3.31	54.83	8.48
24.41	15.96	8.45	4.88	56.38	8.50
26.97	18.55	8.42	6.24	57.74	8.50
23 53 29.00	23 40 20.56	13 8.44	23 55 7.85	23 41 59.34	13 8.51
23h 53m.25	23h 40m.1	13m 8.426	23h 54m.9	23h 41m.8	13m 8.497

Erster Zeichenwechsel.

Zeichen gegeben von Leipzig			Zeichen gegeben von Wien		
Chronograph		Differenz	Chronograph		Differenz
Wien	Leipzig		Wien	Leipzig	
20h 12m 30.69	19h 59m 22.88	13m 7.81	20h 11m 4.77	19h 57m 57.02	13m 7.75
33.07	25.25	7.82	6.38	57 58.66	7.72
34.20	26.38	7.82	8.35	58 0.60	7.75
36.66	28.84	7.82	10.11	2.39	7.72
37.86	30.05	7.81	11.10	3.36	7.74
38.94	31.15	7.79	12.54	4.78	7.76
40.11	32.30	7.81	14.34	6.61	7.73
41.31	33.52	7.79	15.45	7.70	7.75
42.32	34.52	7.80	17.09	9.36	7.73
43.44	35.60	7.84	19.02	11.28	7.74
44.51	36.68	7.83	20.15	12.41	7.74
45.36	37.56	7.80	21.63	13.92	7.71
46.53	38.72	7.81	23.07	15.34	7.73
47.68	39.84	7.84	24.63	16.87	7.76
48.87	41.07	7.80	25.60	17.86	7.74
20 12 50.14	19 59 42.33	13 7.81	20 11 27.17	19 58 19.41	13 7.76
20h 12m.7	19h 59m.6	13m 7s.812	20h 11m.3	19h 58m.1	13m 7s.739

Zweiter Zeichenwechsel.

23h 55m 14.61	23h 42m 6.13	13m 8.48	23h 53m 35.13	23h 40m 26.70	13m 8.43
16.23	7.74	8.49	36.59	28.16	8.43
17.13	8.64	8.49	39.17	30.76	8.41
18.05	9.53	8.52	41.04	32.62	8.42
18.88	10.38	8.50	42.97	34.55	8.42
19.75	11.25	8.50	44.85	36.43	8.42
20.91	12.41	8.50	46.96	38.56	8.40
22.19	13.69	8.50	49.15	40.72	8.43
23.27	14.79	8.48	51.07	42.65	8.42
24.43	15.91	8.52	52.77	44.33	8.44
25.62	17.12	8.50	54.10	45.69	8.41
26.69	18.23	8.46	55.74	47.32	8.42
27.66	19.16	8.50	57.22	48.80	8.42
28.77	20.28	8.49	53 59.50	51.08	8.42
29.83	21.34	8.49	54 1.15	52.72	8.43
23 55 30.79	23 42 22.31	13 8.48	23 54 2.34	23 40 53.93	13 8.41
23h 55m.4	23h 42m.2	13m 8s.494	23h 53m.8	23h 40m.7	13m 8s.421

Tabelle XXI. 1875 November 4.

Zeichen gegeben von Wien: Chronograph Wien	Chronograph Leipzig	Differenz	Zeichen gegeben von Leipzig: Chronograph Wien	Chronograph Leipzig	Differenz
19h 59m 41.98	19h 46m 30.07	13m 11.91	20h 1m 13.63	19h 48m 1.66	13m 11.97
43.00	31.08	11.92	15.07	3.10	11.97
44.96	33.03	11.93	16.48	4.50	11.98
47.10	35.18	11.92	17.80	5.85	11.95
48.43	36.51	11.92	19.12	7.15	11.97
50.31	38.42	11.89	20.46	8.49	11.97
51.32	39.40	11.92	21.86	9.92	11.94
52.79	40.85	11.94	23.27	11.29	11.98
54.28	42.39	11.89	24.50	12.53	11.97
56.25	44.33	11.92	25.70	13.72	11.98
57.19	45.27	11.92	26.93	14.96	11.97
19 59 58.85	46.93	11.92	28.20	16.22	11.98
20 0 0.65	48.73	11.92	29.32	17.34	11.98
1.51	49.62	11.89	30.71	18.76	11.95
3.28	51.37	11.91	32.00	20.03	11.97
20 0 5.06	19 46 53.14	13 11.92	20 1 33.06	19 48 21.09	13 11.97
19h 59m.9	19h 46m.7	13m 11.915	20h 1m.4	19h 48m.2	13m 11.969

Tabelle XXII. 1875 November 4.

Zeichen gegeben von Wien: Chronograph Wien	Chronograph Leipzig	Differenz	Zeichen gegeben von Leipzig: Chronograph Wien	Chronograph Leipzig	Differenz
23h 42m 12.09	23h 28m 59.44	13m 12.65	23h 39m 38.44	23h 26m 25.72	13m 12.72
13.71	29 1.08	12.63	39.82	27.13	12.69
15.26	2.64	12.62	41.25	28.57	12.68
16.93	4.29	12.64	42.63	29.96	12.67
18.88	6.26	12.62	44.09	31.36	12.73
20.19	7.59	12.60	45.48	32.79	12.69
21.94	9.33	12.61	46.81	34.13	12.68
23.66	11.03	12.63	48.10	35.38	12.72
25.88	13.26	12.62	49.35	36.62	12.73
27.32	14.71	12.61	50.74	38.07	12.67
29.43	16.82	12.61	52.01	39.33	12.68
31.22	18.60	12.62	53.37	40.66	12.71
32.25	19.61	12.64	54.72	42.06	12.66
34.36	21.74	12.62	56.03	43.33	12.70
36.05	23.42	12.63	57.35	44.65	12.70
23 42 37.44	23 29 24.82	13 12.62	23 39 58.68	23 26 46.00	13 12.68
23h 42m.4	23h 29m.2	13m 12.623	23h 39m.8	23h 26m.6	13m 12.695

Erster Zeichenwechsel.

Zeichen gegeben von Leipzig, Chronograph, Wien	Chronograph, Leipzig	Differenz	Zeichen gegeben von Wien, Chronograph, Wien	Chronograph, Leipzig	Differenz
$20^h\,1^m\,36^s.40$	$19^h\,48^m\,24^s.42$	$13^m\,11^s.98$	$20^h\,0^m\,12^s.47$	$19^h\,47^m\,0^s.54$	$13^m\,11^s.93$
37.42	25.45	11.97	13.91	2.00	11.91
38.57	26.60	11.97	14.99	3.07	11.92
39.64	27.67	11.97	16.54	4.62	11.92
40.67	28.69	11.98	18.21	6.30	11.91
41.46	29.51	11.95	19.07	7.16	11.91
42.39	30.42	11.97	20.34	8.41	11.93
43.37	31.39	11.98	22.41	10.51	11.90
44.64	32.64	12.00	23.87	11.93	11.94
45.85	33.90	11.95	25.28	13.37	11.91
47.35	35.37	11.98	27.08	15.17	11.91
48.56	36.57	11.99	28.60	16.66	11.94
50.05	38.10	11.95	30.37	18.45	11.92
51.40	39.42	11.98	31.28	19.35	11.93
52.79	40.84	11.95	33.20	21.28	11.92
20 1 54.20	19 48 42.25	13 11.95	20 0 35.19	19 47 23.27	13 11.92
$20^h\,1^m.7$	$19^h\,48^m.5$	$13^m\,11^s.970$	$20^h\,0^m.4$	$19^h\,47^m.2$	$13^m\,11^s.920$

Zweiter Zeichenwechsel.

Zeichen gegeben von Leipzig, Chronograph, Wien	Chronograph, Leipzig	Differenz	Zeichen gegeben von Wien, Chronograph, Wien	Chronograph, Leipzig	Differenz
$23^h\,40^m\,0^s.05$	$23^h\,26^m\,47^s.35$	$13^m\,12^s.70$	$23^h\,42^m\,39^s.11$	$23^h\,29^m\,26^s.50$	$13^m\,12^s.61$
1.30	48.60	12.70	41.29	28.67	12.62
2.44	49.77	12.67	42.46	29.85	12.61
3.64	50.96	12.68	44.17	31.53	12.64
4.90	52.20	12.70	45.24	32.59	12.65
6.27	53.60	12.67	47.24	34.65	12.59
7.58	54.89	12.69	49.47	36.85	12.62
8.88	56.17	12.71	50.42	37.80	12.62
10.33	57.66	12.67	51.78	39.17	12.61
11.66	26 58.95	12.71	52.80	40.17	12.63
13.09	27 0.39	12.70	54.36	41.79	12.57
14.47	1.77	12.70	56.07	43.45	12.62
15.76	3.06	12.70	57.31	44.67	12.64
17.20	4.51	12.69	42 59.38	46.80	12.58
18.58	5.90	12.68	43 0.44	47.81	12.63
23 40 19.96	23 27 7.24	13 12.72	23 43 2.11	23 29 49.50	13 12.61
$23^h\,40^m.2$	$23^h\,26^m.95$	$13^m\,12^s.693$	$23^h\,42^m.8$	$23^h\,29^m.6$	$13^m\,12^s.616$

Tabelle XXIII. 1875 November 14.

Zeichen gegeben von Wien: Chronograph Wien	Chronograph Leipzig	Differenz	Zeichen gegeben von Leipzig: Chronograph Wien	Chronograph Leipzig	Differenz
20h 50m 22.51	20h 36m 50.47	13m 32.04	20h 53m 4.15	20h 39m 32.06	13m 32.09
24.04	52.05	31.99	5.34	33.23	32.11
25.31	53.29	32.02	6.94	34.84	32.10
26.67	54.67	32.00	8.35	36.28	32.07
28.09	56.10	31.99	9.47	37.36	32.11
29.53	57.52	32.01	11.02	38.92	32.10
30.95	36 58.93	32.02	11.89	39.81	32.08
32.38	37 0.38	32.00	13.36	41.26	32.10
34.02	2.00	32.02	14.59	42.48	32.11
35.31	3.33	31.98	15.28	43.17	32.11
36.71	4.71	32.00	16.66	44.57	32.09
38.13	6.11	32.02	18.06	45.94	32.12
39.49	7.51	31.98	19.10	47.00	32.10
40.81	8.82	31.99	20.46	48.37	32.09
42.11	10.09	32.02	21.50	49.40	32.10
20 50 43.55	20 37 11.55	13 32.00	20 53 23.04	20 39 50.94	13 32.10
20h 50m.5	20h 37m.0	13m 32.005	20h 53m.2	20h 39m.7	13m 32.099

Tabelle XXIV. 1875 November 16.

Zeichen gegeben von Wien: Chronograph Wien	Chronograph Leipzig	Differenz	Zeichen gegeben von Leipzig: Chronograph Wien	Chronograph Leipzig	Differenz
1h 57m 51.62	1h 44m 19.86	13m 31.76	2h 0m 44.00	1h 47m 12.21	13m 31.79
53.07	21.30	31.77	45.38	13.55	31.83
54.21	22.44	31.77	46.97	15.14	31.83
55.53	23.78	31.75	47.87	16.05	31.82
56.72	24.95	31.77	49.25	17.41	31.84
57.92	26.15	31.77	50.71	18.87	31.84
57 59.31	27.53	31.78	52.17	20.33	31.84
58 0.64	28.87	31.77	52.93	21.09	31.84
1.90	30.13	31.77	54.33	22.48	31.85
3.20	31.44	31.76	56.04	24.24	31.80
4.33	32.58	31.75	57.48	25.64	31.84
5.50	33.72	31.78	0 59.26	27.43	31.83
6.80	35.03	31.77	1 0.12	28.31	31.81
8.27	36.52	31.75	1.53	29.68	31.85
9.83	38.07	31.76	3.08	31.24	31.84
1 58 11.37	1 44 39.64	13 31.73	2 1 4.82	1 47 32.97	13 31.85
1h 58m.0	1h 44m.5	13m 31.763	2h 0m.9	1h 47m.4	13m 31.831

Erster Zeichenwechsel.

Zeichen gegeben von Leipzig: Chronograph Wien	Chronograph Leipzig	Differenz	Zeichen gegeben von Wien: Chronograph Wien	Chronograph Leipzig	Differenz
20ʰ53ᵐ39ˢ65	20ʰ40ᵐ 7ˢ56	13ᵐ32ˢ09	20ʰ50ᵐ50ˢ41	20ʰ37ᵐ18ˢ39	13ᵐ32ˢ02
41.13	9.03	32.10	51.60	19.61	31.99
42.29	10.18	32.11	52.89	20.87	32.02
43.43	11.34	32.09	54.12	22.10	32.02
45.18	13.08	32.10	55.19	23.18	32.01
46.51	14.41	32.10	56.45	24.45	32.00
48.19	16.10	32.09	57.72	25.72	32.00
49.99	17.88	32.11	50 58.99	26.99	32.00
51.14	19.05	32.09	51 0.21	28.23	31.98
52.94	20.87	32.07	1.46	29.46	32.00
54.90	22.80	32.10	2.73	30.72	32.01
55.92	23.83	32.09	3.97	31.98	31.99
57.24	25.15	32.09	5.37	33.37	32.00
53 58.61	26.51	32.10	6.71	34.71	32.00
54 0.08	28.00	32.08	8.00	36.04	31.96
20 54 1.59	20 40 29.49	13 32.10	20 51 9.26	20 37 37.27	13 31.99
20ʰ53ᵐ8	20ʰ40ᵐ3	13ᵐ32ˢ095	20ʰ51ᵐ0	20ʰ37ᵐ5	13ᵐ31ˢ999

Zweiter Zeichenwechsel.

2ʰ1ᵐ 9ˢ81	1ʰ47ᵐ37ˢ93	13ᵐ31ˢ88	1ʰ58ᵐ16ˢ67	1ʰ44ᵐ44ˢ93	13ᵐ31ˢ74
11.73	39.86	31.87	18.13	46.35	31.78
12.63	40.82	31.81	19.55	47.78	31.77
14.44	42.57	31.87	20.86	49.11	31.75
16.05	44.23	31.82	22.06	50.30	31.76
18.95	47.09	31.86	23.23	51.47	31.76
20.50	48.65	31.85	24.43	52.67	31.76
22.95	51.12	31.83	25.53	53.75	31.78
23.96	52.16	31.80	26.65	54.90	31.75
25.41	53.56	31.85	27.77	56.04	31.73
26.73	54.88	31.85	28.91	57.16	31.75
28.21	56.38	31.83	29.96	58.21	31.75
29.44	57.58	31.86	31.27	44 59.50	31.77
30.65	47 58.82	31.83	32.64	45 0.87	31.77
32.10	48 0.29	31.81	34.00	2.24	31.76
2 1 33.22	1 48 1.38	13 31.84	1 58 35.57	1 45 3.80	13 31.77
2ʰ1ᵐ4	1ʰ47ᵐ9	13ᵐ31ˢ844	1ʰ58ᵐ4	1ʰ44ᵐ9	13ᵐ31ˢ759

Tabelle XXV. 1875 November 16.

Zeichen gegeben von Wien			Zeichen gegeben von Leipzig		
Chronograph		Differenz	Chronograph		Differenz
Wien	Leipzig		Wien	Leipzig	
$20^h 59^m 41^s.36$	$20^h 47^m 10^s.93$	$12^m 30^s.43$	$21^h 2^m 11^s.88$	$20^h 49^m 41^s.41$	$12^m 30^s.47$
42.52	12.09	30.43	13.29	42.80	30.49
43.51	13.10	30.41	14.29	43.76	30.53
44.49	14.09	30.40	16.12	45.61	30.51
45.62	15.19	30.43	17.79	47.26	30.53
46.66	16.21	30.45	18.60	48.07	30.53
47.78	17.35	30.43	19.71	49.18	30.53
48.77	18.35	30.42	21.39	50.89	30.50
49.79	19.35	30.44	22.45	51.91	30.54
50.94	20.52	30.42	23.68	53.17	30.51
52.06	21.63	30.43	24.94	54.43	30.51
53.08	22.65	30.43	26.32	55.82	30.50
54.15	23.71	30.44	27.40	56.88	30.52
55.30	24.86	30.44	28.69	49 58.20	30.49
56.44	26.02	30.42	30.61	50 0.10	30.51
20 59 57.49	20 47 27.05	12 30.44	21 2 31.95	20 50 1.47	12 30.48
$20^h 59^m.8$	$20^h 47^m.3$	$12^m 30^s.429$	$21^h 2^m.4$	$20^h 49^m.9$	$12^m 30^s.509$

Tabelle XXVI. 1875 November 16.

$2^h 51^m 31^s.68$	$2^h 39^m 1^s.33$	$12^m 30^s.35$	$2^h 48^m 31^s.60$	$2^h 36^m 1^s.19$	$12^m 30^s.41$
33.29	2.93	30.36	32.66	2.27	30.39
34.77	4.43	30.34	34.24	3.80	30.44
36.50	6.15	30.35	35.51	5.08	30.43
38.18	7.80	30.38	37.27	6.85	30.42
39.79	9.44	30.35	38.17	7.74	30.43
41.28	10.96	30.32	39.65	9.25	30.40
42.75	12.37	30.38	40.86	10.47	30.39
44.17	13.82	30.35	42.00	11.59	30.41
45.57	15.22	30.35	43.84	13.43	30.41
47.08	16.72	30.36	45.19	14.78	30.41
48.52	18.18	30.34	47.15	16.74	30.41
50.00	19.62	30.38	47.99	17.64	30.35
51.42	21.07	30.35	49.74	19.32	30.42
52.87	22.54	30.33	51.06	20.64	30.42
2 51 54.41	2 39 24.06	12 30.35	2 48 52.70	2 36 22.30	12 30.40
$2^h 51^m.7$	$2^h 39^m.0$	$12^m 30^s.351$	$2^h 48^m.7$	$2^h 36^m.9$	$12^m 30^s.400$

Erster Zeichenwechsel.

Zeichen gegeben von Leipzig			Zeichen gegeben von Wien		
Chronograph		Differenz	Chronograph		Differenz
Wien	Leipzig		Wien	Leipzig	
$21^h 2^m 35^s.54$	$20^h 50^m 5^s.06$	$12^m 30^s.48$	$21^h 6^m 21^s.10$	$20^h 53^m 50^s.71$	$12^m 30^s.39$
36.81	6.34	30.47	22.30	51.86	30.44
37.95	7.44	30.51	23.50	53.06	30.44
39.27	8.75	30.52	24.74	54.32	30.42
40.47	9.99	30.48	26.00	55.57	30.43
42.15	11.62	30.53	27.21	56.78	30.43
43.12	12.62	30.50	28.46	58.06	30.40
44.18	13.67	30.51	29.70	53 59.28	30.42
46.08	15.54	30.54	31.04	54 0.63	30.41
47.56	17.06	30.56	32.34	1.91	30.43
48.45	17.95	30.50	33.66	3.25	30.41
49.72	19.23	30.49	35.04	4.62	30.42
50.94	20.43	30.51	36.37	5.97	30.40
52.05	21.56	30.49	37.71	7.30	30.41
53.47	22.98	30.49	39.19	8.77	30.42
21 2 54.80	20 50 24.28	12 30.52	21 6 40.75	20 54 10.34	12 30.41
$21^h 2^m.7$	$20^h 50^m.2$	$12^m 30^s.502$	$21^h 6^m.5$	$20^h 54^m.0$	$12^m 30^s.417$

Zweiter Zeichenwechsel.

$2^h 48^m 57^s.98$	$2^h 36^m 27^s.56$	$12^m 30^s.42$	$2^h 52^m 0^s.41$	$2^h 39^m 30^s.07$	$12^m 30^s.34$
48 59.27	28.87	30.40	1.78	31.42	30.36
49 1.60	31.17	30.43	3.28	32.93	30.35
3.08	32.64	30.44	4.65	34.29	30.36
4.58	34.19	30.39	5.86	35.48	30.38
6.36	35.93	30.43	7.09	36.73	30.36
7.42	36.99	30.43	8.26	37.93	30.33
8.57	38.17	30.40	9.44	39.09	30.35
10.40	39.96	30.44	10.65	40.29	30.36
11.72	41.29	30.43	11.74	41.40	30.34
13.40	42.98	30.42	12.83	42.49	30.34
14.33	43.93	30.40	13.87	43.51	30.36
15.69	45.28	30.41	14.99	44.62	30.37
16.93	46.55	30.38	15.97	45.63	30.34
18.75	48.33	30.42	17.06	46.72	30.34
2 49 20.42	2 36 50.04	12 30.38	2 52 18.15	2 39 47.77	12 30.38
$2^h 49^m.2$	$2^h 36^m.6$	$12^m 30^s.414$	$2^h 52^m.15$	$2^h 39^m.65$	$12^m 30^s.354$

In der folgenden Tabelle XXVII finden sich nochmals Mittel, an welche aber gleich die Federnparallaxen, deren Werthe in Abschnitt V, S. 332 aufgeführt, angebracht sind; ferner sind die Differenz der Uhrgänge und die sogenannten Stromzeiten gegeben. Die aus den Signalen abgeleiteten Uhrdifferenzen haben eine grosse Genauigkeit; vergleicht man die Einzelwerthe mit den Mittelwerthen aus je 16 Signalen, so kommt als mittlerer Fehler einer Differenz weniger als

$$\pm 0{:}02 \ .$$

Der mittlere Fehler aus 46 Signalen ist demnach kleiner als

$$\pm 0{:}003 \ ,$$

und da immer zwei Serien zusammen genommen sind und aus der Differenz der Signale vor und nach den Beobachtungen die Differenz der Uhrgänge abgeleitet, sind dieselben auch auf ± 0:005 für ein Intervall von vier bis fünf Stunden richtig, daher der in der Tabelle XXVII angegebene Uhrgang für die Stunde bis auf ± 0:001 sicher, wobei natürlich ein regelmässiger Gang während der Beobachtungszeit vorausgesetzt ist. Was die sogenannten Stromzeiten anbetrifft, so sind dieselben dadurch erhalten, dass die in Columne 10 enthaltenen Zahlen aus den in Wien und Leipzig ge-

Tabelle XXVII. Resultate aus den zwischen Wien

1874, Tag	Uhrzeit in Wien	Uhrzeit in Leipzig	Uhrdifferenz Signale von Wien	Uhrzeit in Wien	Uhrzeit in Leipzig
October 8	20h 15m7	20h 1m7	14m 2:226	20h 12m6	19h 58m6
	23 18.5	23 4.5	14 1.902	23 15.7	23 1.7
9	20 23.5	20 9.5	13 59.291	20 20.4	20 6.4
	24 27.5	24 13.5	13 58.884	24 24.8	24 10.8
10	20 23.1	20 9.6	13 32.916	20 25.4	20 11.9
	24 27.6	24 14.1	13 32.527	24 29.0	24 16.4
November 2	20 26.9	20 13.8	13 3.604	20 28.4	20 15.3
	24 35.8	24 22.8	13 4.317	24 35.6	24 22.5
3	20 11.0	19 57.9	13 7.812	20 12.5	19 59.4
	23 53.5	23 40.4	13 8.192	23 55.1	23 42.0
4	20 0.2	19 47.0	13 11.898	20 1.6	19 48.4
	23 42.6	23 29.4	13 12.700	23 40.0	23 26.8
11	20 50.8	20 37.3	13 31.969	20 53.5	20 40.0
	25 58.2	25 44.7	13 34.732	26 1.2	25 47.7
16	21 3.1	20 50.6	12 30.113	21 2.5	20 50.0
	26 54.9	26 39.4	12 30.312	26 48.9	26 36.4

gebenen Signalen mit dem Uhrgange auf dieselbe Zeit reducirt und aus den Differenzen die Mittel gebildet sind. Bei dem zweiten Signalwechsel October 9 zeigt sich für die Stromzeit eine ungewöhnliche Abweichung, die ihren Grund in Unregelmässigkeiten in den in Leipzig ankommenden Signalen hat. Der mittlere Fehler einer Uhrdifferenz ist für diesen Zeichenwechsel $\pm 0^s.04$ statt $\pm 0^s.02$ an den anderen Abenden und vermuthlich ist in der Telegraphenleitung eine Störung gewesen. Ich habe jedoch das Resultat des Zeichenwechsels nicht ausgeschlossen, sondern nehme nur bei der Bildung des Mittels der Stromzeiten den ungewöhnlichen Werth nicht mit.

Die sogenannte Stromzeit findet sich dann zu

$$+0^s.030 \pm 0^s.002\,,$$

ein Werth, der mit früher gefundenen nahe übereinstimmt. 1865 ist

$$+0^s.0325$$

gefunden.

Was die Uhrgänge anbetrifft, so ging die Leipziger Uhr ziemlich regelmässig, an der Wiener Uhr wurde mehrfach gestellt und geschraubt, daher die Veränderung des Standes und des Ganges.

und Leipzig gegebenen registrirten Signalen.

Uhrdifferenz Signale von Leipzig	Mittel: Uhrzeit in Wien	Mittel: Uhrzeit in Leipzig	Mittel der Uhrdifferenzen	Differenz der Uhrgänge für 1 Stunde	Einfache Stromzeit
14ᵐ 2ˢ.317	20ʰ 14.1	20ʰ 0.4	14ᵐ 2ˢ.272	−0ˢ.111	+0.042
14 1.964	23 17.4	23 3.1	14 1.933		+0.028
13 59.514	20 22.0	20 8.0	13 59.404	−0.094	+0.112
13 59.039	21 26.1	21 12.1	13 59.021		+0.040
13 32.996	20 24.2	20 10.7	13 32.956	−0.007	+0.038
13 32.593	21 28.7	21 15.2	13 32.560		+0.031
13 3.667	20 27.6	20 14.5	13 3.635	+0.472	+0.031
13 4.377	21 35.7	21 22.6	13 4.347		+0.030
13 7.892	20 11.7	19 58.6	13 7.853	+0.482	+0.038
13 8.564	23 54.3	23 41.2	13 8.528		+0.034
13 12.050	20 0.9	19 47.7	13 12.024	+0.494	+0.027
13 12.775	23 41.3	23 28.1	13 12.737		+0.036
13 32.064	20 52.1	20 38.6	13 32.016	−0.049	+0.048
13 31.807	25 59.7	25 46.2	13 31.769		+0.039
12 30.495	21 2.8	20 50.3	12 30.454	−0.014	+0.044
12 30.404	26 50.4	26 37.9	12 30.371		+0.029

VI. Die Beobachtungen in Wien und Leipzig.

In der folgenden Tabelle XXIX sind auf der linken Seite die in Wien, auf der rechten die in Leipzig erhaltenen Beobachtungsresultate enthalten. Die in den einzelnen Columnen enthaltenen Werthe erkennt man leicht aus den Ueberschriften. In der ersten Columne auf beiden Seiten ist das Datum und der Beobachter aufgeführt, in der zweiten die Kreislage, in der dritten die Anzahl der Fäden, in der vierten die auf den Mittelfaden reducirte Durchgangszeit. Die angewandten Fadendistanzen sind schon früher auf S. 299 gegeben, die Federnparallaxen, welche in Wien October 8 $-0^s.030$, October 9 $-0^s.028$, October 19 $+0^s.003$, $+0^s.009$, November 2 $+0^s.110$, $+0^s.085$, $+0^s.056$, $+0^s.050$, November 3 $+0^s.051$, $+0^s.042$, $+0^s.047$, November 4 $+0^s.045$, $+0^s.048$, $+0^s.044$, $+0^s.050$, November 14 $+0^s.013$, November 16 $+0^s.032$, in Leipzig October 8 und 9 $0^s.00$, October 19 $-0^s.037$, November 2 $-0^s.039$, November 3 $-0^s.024$, November 4 $-0^s.034$, Novbr. 14 $+0^s.046$, $+0^s.042$, November 16 $+0^s.042$ gefunden, sind angebracht.

Der wahrscheinliche Fehler der Beobachtung eines Sternes an einem Faden findet sich bei beiden Beobachtern $\pm 0^s.07$.

In den Columnen 6, 7, 8 ist die Instrumentalcorrection ent-

Tabelle XXVIII.

T	October 8	October 9	October 19	November 2
20^h	$+11^m2^s.30$	$+13^m59^s.44$	$+13^m33^s.01$	$+13^m3^s.56$
	11	10	10	17
21	2.19	59.34	32.91	3.73
	11	9	10	17
22	2.08	59.25	32.81	3.90
	11	10	10	17
23	1.97	59.15	32.71	4.07
	11	9	10	17
0	+11 1.86	+13 59.06	+13 32.61	+13 4.24
1				
2				
	$l\,du$	$l\,du$	$l\,du$	$l\,du$
	-0.011	-0.011	-0.012	-0.005

halten und ist die tägliche Aberration gleich mit dem Collimationsfehler vereinigt. Columne 9 enthält die Uhrcorrectionen, welche entstanden sind durch die Differenzen zwischen den scheinbaren Rectascensionen der Sterne und der Summe der Columnen 5 bis 8. Columne 10 links giebt die Differenzen dieser Uhrcorrectionen und Columne 10 rechts enthält die Längendifferenz. Diese ist folgendermassen abgeleitet:

Nennen wir die Summe der in der fünften, sechsten, siebenten und achten Columne befindlichen Zahlen jeder Zeile, welche die nach den Ortszeiten gültigen Culminationen der Sterne in Wien und Leipzig sind, T und T', die Uhrcorrectionen Columne 9 Δt und $\Delta t'$; ist ferner U die zur Wiener Sternzeit S oder zur Leipziger Sternzeit S' geltende Uhrdifferenz, welche man aus der Tabelle XXVII entnehmen kann, dU der stündliche Übergang in Wien, du in Leipzig, l die Längendifferenz, so hat man leicht:

$$l = U + (\Delta t - \Delta t') + (\alpha - S)(du - dU) + l\,du.$$

Die Grösse $\Delta t - \Delta t'$ ist in der Columne 10 auf der linken Seite enthalten; für $U + (\alpha - S)(du - dU)$ ist mit dem Argument T (Wiener Ortszeit) die folgende Tafel XXVIII gerechnet und der stündliche Gang du der Leipziger Uhr ist aus den Leipziger Beobachtungen abgeleitet und mit $l = \frac{13,8}{60}$ multiplicirt.

$U + (\alpha - S)(du - dU)$.

November 3	November 4	November 14	November 16
$+13^m\,7^s.82$	$+13^m\,12^s.02$		
18	19		
8.00	12.21	$+13^m\,32^s.01$	$+12^m\,30^s.45$
19	20	5	1
8.19	12.41	31.96	30.44
18	19	5	2
8.37	12.60	31.91	30.42
18	20	5	1
+13 8.55	+13 12.80	31.86	30.41
		5	2
		31.81	30.39
		4	1
		+13 31.77	+12 30.38
$l\,du$	$l\,du$	$l\,du$	$l\,du$
−0.016	−0.007	−0.014	−0.001

Tabelle XXIX.

Beobachtungen in Wien.

Tag 1875	Name des Sterns	Kreislage	Zahl der Fäden	Durchgangszeit	Correct. für i	Correct. für c	Correct. für k	Uhr-Correct.	Differenz der Uhren
October 8	23 Hevelii	W	13	20h17m38s.69	−0s.01	−0s.04	+0s.17	−31s.83	+1m44s.7[illegible]
	α Capricorni	W	13	20 20 42.74	−0.01	−0.04	+1.08	−31.80	+1 44.6[illegible]
Beobachter	69 Aquilae	W	13	20 23 40.68	−0.04	−0.04	+0.87	−31.76	+1 44.7[illegible]
v. Steeb	Polstern K (O. C.)	W	6	20 33 14.60	−0.14	−0.16	−2.87		
	" K (O. C.)	O	7	20 35 41.31	−0.48	+0.06	−2.83		
	15 Delphini	O	13	20 44 14.10	−0.07	+0.01	+0.87	−31.80	+1 44.6[illegible]
	μ Aquarii	O	13	20 46 28.52	−0.06	+0.01	+0.98	−31.87	+1 44.7[illegible]
	16 Delphini	O	13	20 50 44.48	−0.07	+0.04	+0.67	−31.83	+1 44.[illegible]
	θ Capricorni								
	61[1] Cygni	O	13	21 1 31.71	−0.10	+0.01	+0.85	−31.83	
	61[2] Cygni	O	13	21 1 53.18	−0.10	+0.01	+0.85	−31.80	+1 44.73
	γ Equulei	O	13	21 4 49.00	−0.06	+0.01	+0.71	−31.79	+1 44.76
	α Equulei	O	13	21 10 8.40	−0.06	+0.01	+0.77	−31.87	
	Polstern F (U. C.)	O	6	21 19 26.53	+0.34	−0.07	+6.08		
	" F (U. C.)	W	6	21 19 36.66	0.00	+0.08	+6.08		
	ι Capricorni	W	13	21 30 38.98	0.00	−0.04	+1.10	−31.70	+1 44.79
	δ Aquarii	W	13	21 35 14.08	0.00	−0.04	+0.88	−31.77	+1 44.8[illegible]
	ε Pegasi	W	13	21 38 36.67	0.00	−0.04	+0.71	−31.78	+1 44.8[illegible]
	16 Pegasi	W	13	21 47 38.41	0.00	−0.04	+0.48	−31.74	
	α Aquarii	W	13	21 58 33.63	0.00	−0.04	+0.84	−31.77	
	θ Pegasi	W	13	22 4 17.70	0.00	−0.04	+0.76	−31.73	+1 44.86
	41 Aquarii	W	13	22 7 37.83	0.00	−0.04	+1.13	−31.71	+1 44.92
	θ Aquarii	W	13	22 10 43.31	0.00	−0.04	+0.94	−31.76	+1 44.91
	Polstern L (O. C.)	W	6	22 21 18.00	0.00	−0.51	−8.38		
	" L (O. C.)	O	7	22 28 30.98	−0.51	+0.18	−8.38		
	ζ Pegasi	O	13	22 35 47.77	−0.04	+0.01	+0.70	−31.74	+1 44.80
	60 Aquarii	O	13	22 41 24.43	−0.03	+0.01	+1.11	−31.76	+1 44.94
	λ Aquarii	O	13	22 46 59.74	−0.03	+0.01	+0.94	−31.75	+1 44.93
October 9	θ Capricorni	O	13	20 60 17.19	−0.03	+0.01	+1.08	−30.09	+1 47.61
	61[1] Cygni	O	13	21 1 40.06	−0.08	+0.01	+0.85	−30.19	
Beobachter	61[2] Cygni	O	13	21 1 51.88	−0.08	+0.01	+0.85	−30.14	
v. Steeb	γ Equulei	O	13	21 4 47.78	−0.03	+0.01	+0.71	−29.93	+1 47.81
	α Equulei	O	13	21 10 6.32	−0.04	+0.01	+0.79	−30.04	+1 47.62
	Polstern F (U. C.)	O	6	21 19 34.74	+0.27	−0.07	+6.16		
	" F (U. C.)	W	7	21 19 34.74	0.00	+0.18	+6.16		
	ι Capricorni	W	13	21 30 37.01	0.00	−0.04	+1.10	−30.01	+1 47.57
	δ Aquarii	W	13	21 33 44.70	0.00	−0.04	+0.88	−29.96	+1 47.67
	ε Pegasi	W	13	21 38 34.87	0.00	−0.04	+0.70	−29.91	+1 47.63
	16 Pegasi	W	13	21 47 34.36	0.00	−0.04	+0.48	−29.88	
	α Aquarii	W	13	21 59 32.06	0.00	−0.04	+0.88	−29.99	
	θ Pegasi	W	13	22 4 15.83	0.00	−0.04	+0.77	−29.90	+1 47.[illegible]
	41 Aquarii	W	13	22 7 35.06	0.00	−0.04	+1.15	−29.68	+1 47.[illegible]
	θ Aquarii	W	13	22 10 40.48	0.00	−0.04	+0.98	−29.91	+1 47.74
	Polstern L (O. C.)	W	6	22 23 07.88	0.00	−0.51	−8.73		
	" L (O. C.)	O	7	22 25 38.43	−0.51	+0.18	−8.73		
	ζ Pegasi	O	13	22 35 45.98	−0.03	+0.01	+0.71	−29.83	+1 47.78
	60 Aquarii	O	13	22 41 22.57	−0.03	+0.01	+1.18	−29.94	+1 47.85
	λ Aquarii	O	13	22 46 57.91	−0.03	+0.01	+0.98	−29.97	+1 47.89
	α Piscis austr.	O	13	22 51 16.93	−0.04	+0.01	+1.39	−29.91	
	α Pegasi	O	13	22 58 4.44	−0.03	+0.01	+0.63	−29.82	

October 8	63 Herculi	W	11	18h 19m 19s.16	+0s.03	−0s.32	−0s.75	−2m 16s.58	13m 48s.95
	π Capricorni	W	11	18 11 08.76	+0.05	−0.34	−1.36	−2 15.34	13 48.98
Beobachter	69 Aquilae	W	11	20 13 07.48	+0.03	−0.38	−0.50	−2 15.58	13 47.01
Weinek	Polstern K (O. C.)	W	3	48 56 51.13	+0.24	−2.02	+0.33		
	" K (O. C.)	O	5	10 18 47.23	+0.08	+1.88	+2.38		
	15 Delphini	O	11	20 45 30.88	+0.01	+0.30	−0.58	−2 15.82	13 47.01
	μ Aquarii	O	11	20 48 14.72	+0.01	+0.29	−0.93	−2 16.57	13 48.91
	18 Delphini	O	11	20 53 0.44	+0.01	+0.30	−0.50	−2 16.08	13 47.00
	θ Capricorni	O	11	21 1 13.39	−0.01	+0.31	−1.08	−2 16.67	
	61¹ Cygni								
	61² Cygni								
	γ Equulei	O	11	21 5 55.46	−0.02	+0.29	−0.74	−2 16.58	13 48.94
	α Equulei	O	11	21 11 34.37	−0.02	+0.29	−0.78	−2 16.88	13 48.93
	Polstern F (U. C.)	O	4	21 21 54.88	+0.12	−2.05	−3.14		
	" F (U. C.)	W	3	21 31 30.02	−0.09	+2.26	−3.44		
	ι Capricorni	W	11	21 52 05.08	0.00	−0.36	−1.05	−2 16.59	13 48.91
	δ Aquarii	W	11	21 13 30.34	0.00	−0.30	−0.80	−2 18.50	13 48.92
	ε Pegasi	W	11	21 40 23.31	0.00	−0.32	−0.74	−2 16.56	13 48.94
	16 Pegasi								
	α Aquarii								
	θ Pegasi	W	11	22 5 14.88	−0.02	−0.30	−0.76	−2 16.61	13 48.92
	41 Aquarii	W	11	22 9 13.23	−0.31	−0.34	−1.05	−2 18.04	13 48.97
	θ Aquarii	W	11	22 10 23.34	−0.02	−0.32	−2.92	−2 15.85	13 48.88
	Polstern L (O. C.)	W	5	22 15 14.44	−2.48	−4.03	+7.48		
	" L (O. C.)	O	3	22 15 4.14	−2.18	+3.70	+7.68		
	ζ Pegasi	O	11	22 37 22.74	−2.01	+0.30	−0.79	−2 15.44	13 48.90
	62 Aquarii	O	11	22 42 14.20	−0.01	+0.31	−1.50	−2 16.70	13 48.94
	λ Aquarii	O	11	22 46 23.15	−2.01	+0.29	−5.91	−2 16.55	13 48.94
October 9	θ Capricorni	O	11	21 1 16.84	+0.03	+0.32	−0.97	−2 17.70	13 48.95
	61¹ Cygni	O							
Beobachter	61² Cygni	O							
Weinek	γ Equulei	O	11	21 5 58.40	+0.01	+0.31	−0.67	−2 17.37	13 48.94
	α Equulei	O	11	21 11 35.94	+2.04	+0.34	−0.78	−2 17.88	13 48.94
	Polstern F (U. C.)	O	5	21 21 55.55	−5.19	−2.19	−3.18		
	" F (U. C.)	W	3	21 31 01.85	+2.07	+2.37	−3.12		
	ι Capricorni	W	11	21 38 37.18	−0.08	−0.30	−1.00	−2 17.09	13 48.93
	δ Aquarii	W	11	21 15 54.34	−0.04	−0.35	−0.70	−2 17.80	13 48.34
	ε Pegasi	W	11	21 40 04.01	−0.35	−0.34	−0.67	−2 17.57	13 48.94
	16 Pegasi	W							
	α Aquarii	W							
	θ Pegasi	W	11	22 5 15.56	−0.36	−0.34	−0.72	−2 17.07	13 47.00
	41 Aquarii	W	11	22 9 46.92	−0.38	−0.36	−1.02	−2 17.71	13 47.07
	θ Aquarii	W	11	22 11 00.33	−0.34	−0.34	−0.07	−2 17.57	13 48.92
	Polstern L (O. C.)	W	3	22 13 10.30	−4.98	−1.43	+7.08		
	" L (O. C.)	O	6	22 13 5.39	+0.92	+5.04	+7.05		
	ζ Pegasi	O	11	22 37 34.78	+0.04	+0.31	−0.40	−2 17.78	13 46.95
	62 Aquarii	O	11	22 42 18.92	+0.32	+0.03	−1.01	−2 17.70	13 47.08
	λ Aquarii	O	11	22 46 17.93	+0.31	+0.31	−3.07	−2 17.70	13 48.99
	α Piscis austr.	O							
	α Pegasi	O							

Beobachtungen in Wien.

Tag 1878	Name des Sterns	Kreislage	Zahl der Fäden	Durchgangszeit	Correct. für i	Correct. für c	Correct. für k	Uhr-Correct.	Differenz der Uhren
October 9 Beobachter von Steeb	55 Pegasi	O	13	22ʰ 4ᵐ 16ˢ.80	− 0ˢ.05	+ 0ˢ.01	+ 0ˢ.78	− 20ˢ.47	+ 1ᵐ 47ˢ.81
	φ Aquarii	O	13	22 [illegible] 23.87	− 0.03	+ 0.01	+ 0.91	− 20.01	+ 1 47.81
	γ Piscium	O	13	23 11 10.80	− 0.04	+ 0.01	+ 0.81	− 20.00	+ 1 47.84
	Polstern M (O. C.)	O	6	23 26 41.57	− 0.60	+ 0.17	− 18.00		
	" M (O. C.)	W	7	23 26 44.50	− 0.48	− 0.09	− 18.00		
	21 Piscium	W	13	23 43 35.23	− 0.01	− 0.01	+ 0.81	− 20.10	+ 1 47.83
	φ Pegasi	W	3	23 46 40.33	− 0.01	− 0.01	+ 0.80	− 20.10	+ 1 47.91
	ω Piscium	W	13	23 50 13.00	− 0.04	− 0.04	+ 0.77	− 20.18	+ 1 47.97
	α Andromedae	W	13	0 2 20.30	− 0.01	− 0.05	+ 0.11	− 20.45	
October 10 Beobachter Weineck	Polstern K (O. C.)								
	" K (O. C.)								
	15 Delphini								
	μ Aquarii								
	16 Delphini								
	θ Capricorni	W	13	20 59 18.80	0.00	− 0.17	+ 1.13	− 16.13	+ 2 44.84
	61¹ Cygni	W	13	21 1 33.84	0.00	− 0.01	+ 0.13	− 16.17	+ 2 44.14
	61² Cygni	W							
	γ Equulei	W	13	21 4 33.70	0.00	− 0.17	+ 0.73	− 16.08	
	α Equulei	W	13	21 9 52.50	0.00	− 0.17	+ 0.80	− 16.07	+ 2 44.89
	Polstern F (U. C.)	W	3	21 10 24.43	− 0.01	+ 1.17	+ 3.26		
	" F (U. C.)	O	6	21 19 28.48	+ 0.30	− 0.05	+ 3.30		
	ε Capricorni	O	13	21 30 33.09	− 0.05	+ 0.13	+ 1.16	− 16.28	+ 2 44.81
	δ Aquarii	O	13	21 38 08.50	− 0.03	+ 0.11	+ 0.84	− 16.14	+ 2 44.85
	ν Pegasi	O	13	21 36 20.72	− 0.04	+ 0.14	+ 0.73	− 16.08	+ 2 44.11
	36 Pegasi	O	13	21 47 18.63	− 0.04	+ 0.10	+ 0.30	− 16.08	
	α Aquarii	O	13	21 53 33.68	− 0.03	+ 0.14	+ 0.88	− 16.13	
	θ Pegasi	O	13	22 4 14.75	− 0.05	+ 0.14	+ 0.70	− 16.06	+ 2 44.44
	44 Aquarii	O	13	22 7 41.00	− 0.02	+ 0.16	+ 1.10	− 16.14	+ 2 44.50
	θ Aquarii	O	13	22 10 23.00	− 0.04	+ 0.14	+ 0.06	− 16.14	+ 2 44.40
	Polstern L (O. C.)	O	5	22 13 24.53	− 0.27	+ 1.73	− 6.30		
	" L (O. C.)	W	7	22 13 25.08	− 0.15	− 1.14	− 6.88		
	ζ Pegasi	W	13	22 35 38.11	− 0.04	− 0.17	+ 0.73	− 16.36	+ 2 44.45
	68 Aquarii	W	13	22 41 3.65	− 0.04	− 0.16	+ 1.16	− 15.96	+ 2 44.42
	λ Aquarii	W	3	22 46 24.00	− 0.01	− 0.17	+ 0.88	− 16.00	
	α Piscis austr.	W							
	α Pegasi	W	13	22 58 30.34	− 0.01	− 0.17	+ 0.97	− 16.00	+ 2 44.59
	59 Pegasi	W	13	23 1 2.38	0.00	− 0.17	+ 0.74	− 15.01	+ 2 44.42
	φ Aquarii	W	13	23 8 3.38	0.00	− 0.17	+ 0.86	− 15.01	+ 2 44.44
	γ Piscium	W	13	23 11 30.64	0.00	− 0.17	+ 0.63	− 16.06	+ 2 44.61
	Polstern M (O. C.)	W	6	23 23 28.08	+ 0.05	− 2.08	− 18.23		
	" M (O. C.)	O	7	23 26 21.76	− 3.68	+ 2.34	− 19.98		
	21 Piscium	O	13	23 43 21.00	− 0.03	+ 0.14	+ 0.86	− 15.38	+ 2 44.54
	φ Pegasi	O	13	23 46 20.13	− 0.04	+ 0.18	+ 0.81	− 15.44	+ 2 44.10
	ω Piscium	O	13	23 58 41.07	− 0.04	+ 0.14	+ 0.76	− 15.08	+ 2 44.33
	γ Pegasi	O	13	0 7 6.34	− 0.04	+ 0.14	+ 0.67	− 15.15	
November 2	23 Hevelii	O	13	20 17 4.00	+ 0.00	+ 0.05	+ 0.88	− 2.81	

October 9 Beobachter Weinek	50 Pegasi	O	11	18h 8m 8.18	+ 0.31	+ 0.31	− 0.08	− 2m 17.71	18m 46.97
	φ Aquarii	O	11	23 10 16.48	+ 3.01	+ 0.04	− 0.05	− 2 17.73	13 40.97
	γ Piscium	O	11	23 13 1.01	+ 0.01	+ 0.06	− 0.38	− 2 17.73	10 40.99
	Polstern M (O. C.)	O	9	23 20 1.85	+ 2.23	+ 5.03	+ 2.74		
	„ M (O. C.)	W	6	23 20 10.78	− 3.09	− 5.09	+ 2.74		
	41 Piscium	W	9	23 45 15.00	− 0.84	− 0.06	− 0.77	− 2 17.78	18 47.01
	φ Pegasi	W	9	23 40 19.00	0.85	− 0.85	− 0.87	− 2 17.88	10 47.00
	ω Piscium	W	11	23 53 13.78	− 0.84	− 0.84	− 0.71	− 2 17.73	13 47.03
	α Andromedae	W							
October 10 Beobachter von Sterb	Polstern K (O. C.)	O	3	0 07 41.85	− 0.50	+ 1.20	+ 3.10		
	„ K (O. C.)	W	6	0 07 44.78	− 0.80	− 2.18	+ 5.40		
	13 Delphini	W	5	20 50 16.18	− 0.08	− 0.38	− 0.00	− 2 30.83	
	μ Aquarii	W	11	20 44 20.11	− 0.02	− 0.06	− 0.81	− 2 30.44	
	14 Delphini	W	11	20 06 14.30	− 0.06	− 0.83	− 0.05	− 2 30.33	
	θ Capricorni	W	11	21 1 23.97	− 0.02	− 0.33	− 0.90	− 2 30.43	18 47.26
	61¹ Cygni	W	5	21 3 50.04	− 0.07	− 0.43	− 0.29	− 2 30.89	13 47.06
	61² Cygni	W	8	21 3 55.80	− 0.07	− 0.40	− 0.28	− 2 30.38	
	γ Equulei	W							
	α Equulei	W	11	21 10 0.66	− 0.04	− 0.84	− 0.73	− 2 30.48	18 47.27
	Polstern F (U. C.)	W	5	21 21 40.17	+ 0.20	+ 2.10	− 5.15		
	„ F (U. C.)	O	9	21 21 40.88	+ 0.10	− 2.10	− 3.14		
	ι Capricorni	O	11	21 32 39.10	− 0.04	+ 0.33	− 1.01	− 2 30.01	13 47.18
	δ Aquarii	O	11	21 33 40.87	− 3.03	+ 0.31	− 0.76	− 2 30.40	18 47.10
	ε Pegasi	O	11	21 40 38.80	− 0.03	+ 0.31	− 0.80	− 2 30.65	10 47.10
	16 Pegasi	O							
	α Aquarii	O							
	θ Pegasi	O	11	22 0 27.31	− 0.03	+ 0.35	− 0.78	− 2 30.83	13 47.20
	41 Aquarii	O	11	22 9 05.20	− 0.01	+ 0.33	− 1.03	− 2 30.47	13 47.18
	θ Aquarii	O	11	22 10 40.18	− 0.03	+ 0.31	− 0.07	− 2 30.51	13 47.10
	Polstern L (O. C.)	O	8	22 25 17.02	− 0.42	+ 2.94	+ 7.12		
	„ L (O. C.)	W	9	20 23 20.08	− 0.11	− 4.32	+ 7.12		
	ζ Pegasi	W	11	22 37 48.19	− 0.01	− 0.38	− 0.07	− 2 30.53	13 47.24
	68 Aquarii	W	11	22 43 23.00	0.00	− 0.30	− 1.01	− 2 30.32	18 47.38
	λ Aquarii	W							
	α Piscis austr.	W	11	22 02 16.30	0.00	− 0.02	− 1.14	− 2 30.08	
	α Pegasi	W	11	22 1 0.10	− 0.01	− 0.05	− 0.02	− 2 30.39	18 47.09
	50 Pegasi	W	11	23 0 10.01	− 0.01	− 0.36	− 0.80	− 2 30.83	13 47.01
	φ Aquarii	W	11	23 10 13.08	− 0.01	− 0.84	− 0.05	− 2 30.07	13 47.33
	γ Piscium	W	11	23 13 10.08	− 0.01	− 0.06	− 0.73	− 2 30.05	18 47.00
	Polstern M (O. C.)	W	5	23 20 20.01	− 0.14	− 5.77	+ 2.79		
	„ M (O. C.)	O	6	23 23 11.75	− 0.14	+ 3.07	+ 2.79		
	41 Piscium	O	11	23 45 17.70	− 0.01	+ 0.34	− 0.70	− 2 30.49	18 47.09
	φ Pegasi	O	11	23 40 11.01	− 0.01	+ 0.08	− 0.87	− 2 30.32	13 47.01
	ω Piscium	O	11	23 53 17.79	− 0.01	+ 0.31	− 0.71	− 2 30.49	13 47.15
	γ Pegasi	O							
November 2	22 Hevelii	O							

Beobachtungen in Wien.

Tag 1875	Name des Sterns	Kreislage	Zahl der Fäden	Durchgangszeit	Correct. für i	Correct. für c	Correct. für k	Uhr-Correct.	Differenz der Uhren
November 8 Beobachter Weinek	θ Capricorni	O	12	20h 50m 0s.70	+ 0s.06	+ 0s.08	+ 1s.15	− 4s.18	+ 8m 43s.74
	61[1] Cygni	O	12	21 1 20.03	+ 0.16	+ 0.10	+ 0.17	− 4.18	+ 8 43.37
	61[2] Cygni	O							
	γ Equulei	O	13	21 4 21.20	+ 0.10	+ 0.08	+ 0.78	− 4.28	+ 8 43.46
	α Equulei	O	12	21 9 40.14	+ 0.00	+ 0.08	+ 0.83	− 4.28	+ 8 43.38
	Polstern F (U. C.)	O	6	21 19 13.91	− 0.59	− 0.58	+ 6.62		
	» F (U. C.)	W	6	21 19 12.08	− 0.82	+ 0.72	+ 6.63		
	ι Capricorni	W	13	21 20 10.67	+ 0.27	− 0.14	+ 1.08	− 4.30	+ 8 43.39
	δ Aquarii	W	13	21 33 18.37	+ 0.18	− 0.10	+ 3.80	− 4.18	+ 8 42.18
	ι Pegasi	W	13	21 58 8.60	+ 0.14	− 0.10	+ 0.75	− 4.17	+ 8 43.40
	16 Pegasi	W	13	21 47 28.35	+ 0.12	− 0.11	+ 0.53	− 4.17	
	α Aquarii	W	13	21 59 17.66	+ 0.12	− 0.10	+ 0.95	− 4.20	
	θ Pegasi	W	15	22 3 50.74	+ 0.14	− 0.10	+ 0.64	− 4.88	+ 8 40.61
	41 Aquarii	W	13	22 7 20.34	+ 0.07	− 0.11	+ 1.24	− 4.88	+ 8 42.23
	θ Aquarii	W	13	22 10 20.14	+ 0.10	− 0.10	+ 1.04	− 4.88	+ 8 42.40
	Polstern L (O. C.)	W	6	22 22 7.26	+ 1.35	− 1.04	− 6.46		
	» L (O. C.)	O	6	22 22 5.40	+ 1.34	+ 0.95	− 9.40		
	ζ Pegasi	O	13	22 34 19.04	+ 0.11	+ 0.08	+ 0.77	− 4.40	+ 8 40.17
	66 Aquarii	O	14	22 40 34.64	+ 0.05	+ 0.08	+ 1.22	− 4.34	+ 8 40.45
	λ Aquarii	O	14	22 46 14.01	+ 0.07	+ 0.06	+ 1.04	− 4.38	+ 8 43.19
	α Piscis austr.	O	13	22 50 21.01	+ 0.00	+ 0.09	+ 1.40	− 4.18	+ 8 43.17
	α Pegasi	O	9	22 58 36.86	+ 0.11	+ 0.08	+ 0.71	− 4.30	+ 8 45.44
	46 Pegasi	O	13	23 0 30.57	+ 0.08	+ 0.08	+ 0.79	− 4.46	+ 8 40.23
	φ Aquarii	O	13	23 7 37.48	+ 0.07	+ 0.08	+ 1.06	− 4.34	+ 8 43.11
	γ Piscium	O	13	23 10 47.77	+ 0.09	+ 0.08	+ 0.88	− 4.35	+ 8 40.19
	Polstern M (O. C.)	O	5	23 28 9.57	+ 1.30	+ 1.77	− 12.08		
	» M (O. C.)	W	7	23 28 14.00	+ 1.40	− 1.75	− 18.06		
	31 Piscium	W	13	23 46 10.58	+ 0.11	− 0.10	+ 0.91	− 4.30	+ 8 42.14
	φ Pegasi	W	13	23 46 14.84	+ 0.15	− 0.11	+ 0.65	− 4.55	+ 8 43.12
	ω Piscium	W	13	23 59 8.63	+ 0.19	− 0.10	+ 0.88	− 4.66	+ 8 43.04
	α Andromedae	W	13	0 2 9.01	+ 0.18	− 0.10	+ 0.68	− 4.54	
	γ Pegasi	W	15	0 6 53.17	+ 0.14	− 0.11	+ 0.72	− 4.84	
November 8 Beobachter Weinek	23 Hevelii	W	13	20 17 0.18	+ 0.18	− 0.11	+ 0.87	− 3.85	+ 8 39.66
	α Capricorni	W	13	20 20 20.25	+ 0.00	− 0.11	+ 1.22	− 8.87	+ 8 39.60
	69 Aquilae	W	13	20 22 17.20	+ 0.18	− 0.11	+ 0.99	− 8.86	+ 8 80.11
	Polstern K (O. C.)	W	6	20 24 43.81	+ 1.19	− 0.69	− 4.38		
	» K (O. C.)	O	7	20 24 44.11	+ 0.64	− 0.51	− 4.88		
	16 Delphini	O	13	20 43 30.89	+ 0.18	+ 0.08	+ 0.76	− 9.07	+ 8 39.28
	μ Aquarii	O	14	20 46 6.08	+ 0.00	+ 0.00	+ 1.08	− 9.19	+ 8 39.27
	18 Delphini	O	13	20 49 53.99	+ 0.18	+ 0.08	+ 0.78	− 9.00	+ 8 39.14
	θ Capricorni	O	10	20 50 3.74	+ 0.08	+ 0.08	+ 1.21	− 9.18	+ 8 39.10
	61[1] Cygni	O	16	21 1 28.04	+ 0.16	+ 0.10	+ 0.28	− 9.40	+ 8 39.18
	61[2] Cygni								
	γ Equulei	O	12	21 4 46.25	+ 0.11	+ 0.08	+ 0.80	− 9.44	+ 8 39.16
	α Equulei	O	18	21 9 45.14	+ 0.12	+ 0.08	+ 0.87	− 9.31	+ 8 39.04
	Polstern F (U. C.)	O	6	21 19 18.82	− 0.84	− 0.67	+ 6.83		
	» F (U. C.)	W	7	21 19 17.77	− 0.87	+ 0.76	+ 6.68		
	ι Capricorni	W	13	21 20 18.64	+ 0.08	− 0.12	+ 1.25	− 9.34	+ 8 39.07
	δ Aquarii	W	15	21 33 45.59	+ 0.14	− 0.11	+ 0.92	− 9.35	+ 8 39.12
	ι Pegasi	W	13	21 36 12.49	+ 0.15	− 0.11	+ 0.80	− 9.24	+ 8 39.04
	16 Pegasi	W	13	21 47 38.89	+ 0.21	− 0.12	+ 0.54	− 9.10	
	α Aquarii	W	12	21 59 38.94	+ 0.14	− 0.11	+ 0.96	− 9.38	

[illegible]ovember 9	θ Capricorni	O	10	21h 1m 47.04	0.00	−0.38	− 1.03	−2m 47.64	15m 47.14
[illegible]olmschiter	31[1] Cygni	O	11	21 4 7.80	−0.01	−0.43	− 0.33	−2 47.70	15 47.08
[illegible] Stech	31[2] Cygni	O	11	21 4 9.99	−0.01	−0.48	− 0.33	−2 47.69	
	γ Equulei	O	11	21 7 0.70	−0.01	−0.34	− 3.73	−2 47.49	15 47.00
	α Equulei	O	11	21 10 45.09	−0.01	−0.31	− 0.81	−2 47.81	15 47.14
	Polstern F (U. C.)	O	5	21 23 06.80	+0.05	+2.40	− 8.94		
	» F (U. C.)	W	6	21 22 10.95	+0.70	−2.19	− 8.94		
	ι Capricorni	W	11	21 32 36.29	−0.02	+0.33	− 1.16	−2 47.89	15 47.15
	δ Aquarii	W	10	21 36 8.33	−0.05	+0.31	− 0.88	−2 47.61	15 47.07
	ε Pegasi	W	11	21 38 33.40	−0.03	+0.31	− 0.76	−2 47.07	15 47.04
	16 Pegasi	W							
	α Aquarii	W							
	θ Pegasi	W	10	22 0 46.50	−0.04	+0.31	− 0.83	−2 47.84	15 47.00
	41 Aquarii	W	11	22 10 15.61	−0.02	+0.30	− 1.10	−2 47.85	15 47.00
	θ Aquarii	W	11	22 13 3.01	−0.03	+0.31	− 0.81	−2 47.88	15 47.08
	Polstern L (O. C.)	W	5	22 25 30.24	−0.48	+0.94	+ 8.84		
	» L (O. C.)	O	6	22 23 23.78	−0.45	−4.78	+ 8.83		
	ζ Pegasi	O	11	22 35 5.30	−0.03	−0.35	− 0.77	−2 47.09	15 47.00
	48 Aquarii	O	11	22 38 40.70	−0.01	−0.30	− 1.47	−2 47.63	15 47.10
	λ Aquarii	O	11	22 46 37.75	−0.02	−0.35	− 1.00	−2 47.79	15 47.08
	α Piscis austr.	O	11	22 53 37.49	−0.01	−0.39	− 1.03	−2 47.88	15 47.01
	α Pegasi	O	11	22 58 1 50.70	−0.03	−0.35	− 0.71	−2 47.00	15 47.10
	18 Pegasi	O	10	23 6 35.70	−0.03	−0.34	− 0.76	−2 47.71	15 47.30
	φ Aquarii	O	11	23 10 45.35	−0.03	−0.34	− 0.90	−2 47.49	15 47.01
	γ Piscium	O	11	23 13 10.15	−0.00	−0.34	− 0.87	−2 47.35	15 47.30
	Polstern M (O. C.)	O	5	23 20 30.61	−0.05	−3.77	+11.01		
	» M (O. C.)	W	6	23 20 26.94	−0.09	+3.87	+11.01		
	14 Piscium	W	11	23 33 34.09	−0.03	+0.31	− 0.09	−2 47.97	15 47.33
	φ Pegasi	W	11	23 48 30.00	−0.05	+0.33	− 0.96	−2 47.68	15 47.30
	ω Piscium	W	11	23 52 45.06	−0.04	+0.30	− 0.82	−2 47.88	15 47.09
	α Andromedae	W							
	γ Pegasi	W							
November 8	53 Herculis	O	11	20 19 50.88	−0.01	+0.34	− 0.83	−2 48.34	15 47.31
Beobachter	κ Capricorni	O	11	20 23 1.97	−0.01	+0.38	− 1.43	−2 48.08	15 47.20
\ Stech	69 Aquilae	O	11	20 23 38.24	−0.01	+0.31	− 0.93	−2 48.68	15 47.29
	Polstern K (O. C.)	O	5	20 27 13.32	−0.14	+1.90	+ 3.07		
	» K (O. C.)	W	6	20 27 19.05	−0.30	−3.19	+ 3.97		
	15 Delphini	W	11	20 40 31.04	−0.01	−0.35	− 0.74	−2 48.33	15 47.30
	μ Aquarii	W	11	20 49 40.05	0.03	−0.34	− 1.04	−2 48.30	15 47.20
	18 Delphini	W	11	20 52 38.01	−0.01	−0.36	− 0.74	−2 48.53	15 47.01
	θ Capricorni	W	10	21 1 47.70	0.00	−0.36	− 1.02	−2 48.04	15 47.16
	31[1] Cygni	W	11	21 4 3.85	−0.01	−0.42	− 0.33	−2 48.08	15 47.09
	31[2] Cygni	W	11	21 4 10.37	−0.01	−0.48	− 0.35	−2 48.10	
	γ Equulei	W	11	21 7 7.59	−0.01	−0.34	− 0.77	−2 48.08	15 47.17
	α Equulei	W	11	21 14 48.41	−0.01	−0.34	− 0.33	−2 48.35	15 47.07
	Polstern F (U. C.)	W	5	21 22 7.83	+0.08	+2.40	− 3.09		
	» F (U. C.)	O	6	21 22 12.59	+0.05	−2.19	− 3.09		
	ι Capricorni	O	11	21 32 33.90	−0.00	+0.33	− 1.15	−2 48.38	15 47.17
	δ Aquarii	O	10	21 36 4.95	−0.03	+0.34	− 0.87	−2 48.30	15 47.04
	ε Pegasi	O	11	21 40 36.10	−0.04	+0.31	− 0.77	−2 48.30	15 47.10
	16 Pegasi								
	α Aquarii								

Beobachtungen in Wien.

Tag 1865	Name des Sterns	Kreislage	Zahl der Fäden	Durchgangszeit	Correct. für *i*	Correct. für *c*	Correct. für *k*	Uhr-Correct.	Differenz der Uhren
November 5 Beobachter Weineck	θ Pegasi	W	10	22h 4m 4s.80	+ 0s.17	− 0s.41	+ 0s.86	− 9s.88	+ 2m 39s.98
	41 Aquarii	W	4	22 7 35.00	+ 0.08	− 0.49	+ 1.68	− 9.86	+ 2 39.94
	θ Aquarii	W	7	22 10 23.47	+ 0.13	− 0.41	+ 1.07	− 9.87	+ 2 39.94
	Polstern L (O. C.)	W	6	22 28 41.88	+ 2.27	− 4.07	− 9.71		
	„ L (O. C.)	O	7	22 48 10.18	+ 4.75	+ 4.01	− 9.71		
	ζ Pegasi	O	12	22 35 24.96	+ 0.14	+ 0.08	+ 0.79	− 9.53	+ 2 39.04
	66 Aquarii	O	10	22 41 4.70	+ 0.07	+ 0.09	+ 1.25	− 9.64	+ 2 39.[illegible]
	λ Aquarii	O	10	22 46 47.09	+ 0.19	+ 0.08	+ 1.06	− 9.67	+ 2 39.[illegible]
	α Piscis austr.	O	10	22 49 50.14	+ 0.06	+ 0.09	+ 1.44	− 9.67	
	α Pegasi	O	10	22 58 13.64	+ 0.15	+ 0.08	+ 0.71	− 9.58	
November 6 Beobachter Weineck	38 Hevelii	O	10	20 17 14.35	+ 0.16	+ 0.07	+ 0.88	− 14.16	+ 2 35.47
	α Capricorni	O	10	20 10 25.08	+ 0.09	+ 0.07	+ 0.24	− 14.63	+ 2 35.31
	60 Aquilae	O	10	20 23 28.66	+ 0.14	+ 0.07	+ 1.09	− 14.24	+ 2 35.15
	Polstern K (O. C.)	O	4	20 34 40.10	+ 1.47	+ 0.44	− 6.68		
	„ K (O. C.)	W	7	20 34 50.00	+ 1.45	− 0.88	− 6.40		
	15 Delphini	W	10	20 44 55.81	+ 0.18	− 0.40	+ 0.77	− 14.85	+ 2 35.24
	μ Aquarii	W	10	20 46 10.03	+ 0.10	− 0.40	+ 1.03	− 14.89	+ 2 35.22
	16 Delphini	W	12	20 49 54.10	+ 0.09	− 0.40	+ 0.77	− 14.10	+ 2 35.20
	θ Capricorni	W	13	20 59 40.27	+ 0.13	− 0.10	+ 1.22	− 14.83	+ 2 35.49
	61¹ Cygni	W	12	21 1 28.94	+ 0.08	− 0.19	+ 0.05	− 14.50	+ 2 35.44
	61² Cygni	W	10	21 1 34.78	+ 0.03	− 0.42	+ 0.03	− 14.87	+ 2 35.49
	γ Equulei	W	10	21 4 34.67	+ 0.14	− 0.10	+ 0.61	− 14.89	+ 2 35.40
	α Equulei	W	10	21 9 50.21	+ 0.19	− 0.40	+ 0.88	− 14.35	+ 2 35.10
	Polstern F (U. C.)	W	8	21 19 24.05	− 1.40	+ 0.88	+ 4.90		
	„ F (U. C.)	O	7	21 19 41.94	− 1.47	− 0.40	+ 4.00		
	ι Capricorni	O	12	21 30 10.49	+ 0.10	+ 0.07	+ 1.06	− 14.30	
	β Aquarii	O	12	21 22 24.88	+ 0.16	+ 0.07	+ 0.93	− 14.57	+ 2 34.98
	ε Pegasi	O	10	21 38 18.74	+ 0.20	+ 0.07	+ 0.84	− 14.51	+ 2 34.86
	16 Pegasi	O	10	21 47 38.38	+ 0.25	+ 0.08	+ 0.46	− 14.43	
	α Aquarii	O	10	21 58 24.95	+ 0.13	+ 0.07	+ 0.97	− 14.67	
	θ Pegasi	O	12	22 4 3.95	+ 0.17	+ 0.07	+ 0.37	− 14.50	+ 2 34.89
	41 Aquarii	O	12	22 7 48.09	+ 0.08	+ 0.07	+ 1.29	− 14.66	+ 2 34.66
	θ Aquarii	O	10	22 10 30.59	+ 0.13	+ 0.07	+ 1.08	− 14.67	+ 2 34.68
	Polstern L (O. C.)	O	8	22 28 16.80	+ 2.28	+ 0.86	− 9.81		
	„ L (O. C.)	W	7	22 28 46.89	+ 2.88	− 1.22	− 9.81		
	ζ Pegasi	W	16	22 35 40.85	+ 0.14	− 0.10	+ 0.60	− 14.73	+ 2 34.70
	66 Aquarii	W	13	22 41 7.04	+ 0.11	− 0.40	+ 1.30	− 14.80	+ 2 34.74
	λ Aquarii	W	10	22 46 24.16	+ 0.16	− 0.40	+ 1.07	− 14.78	+ 2 34.75
	α Piscis austr.	W	10	22 51 9.11	+ 0.07	− 0.11	+ 1.46	− 14.70	
	α Pegasi	W	10	22 58 46.95	+ 0.16	− 0.10	+ 0.78	− 14.70	
November 14 Beobachter von Steeb	38 Hevelii	W	10	20 17 47.04	+ 0.07	− 0.11	+ 0.95	− 46.89	
	69 Aquilae	W	10	20 22 55.01	+ 0.06	− 0.11	+ 1.00	− 46.81	
	Polstern K (O. C.)	W	3	20 35 28.35	+ 0.34	− 0.70	− 4.79		
	„ K (O. C.)	O	4	20 35 21.79	+ 0.16	+ 0.58	− 4.79		
	θ Capricorni	O	10	20 58 13.83	+ 0.01	+ 0.09	+ 1.36	− 47.08	
	61¹ Cygni	O	10	21 1 6.00	+ 0.04	+ 0.11	+ 0.31	− 47.08	
	61² Cygni	O	12	21 1 7.20	+ 0.06	+ 0.11	+ 0.31	− 47.07	
	γ Equulei	O	12	21 4 3.87	+ 0.09	+ 0.00	+ 0.88	− 46.99	
	α Equulei	O	14	21 10 24.70	+ 0.08	+ 0.08	+ 0.96	− 47.00	
	Polstern F (U. C.)	O	5	21 19 47.10	− 0.14	− 0.84	+ 7.48		
	„ F (U. C.)	W	6	21 19 44.04	− 0.38	+ 0.78	+ 7.48		
	ι Capricorni	W	10	21 30 56.24	+ 0.08	− 0.12	+ 1.87	− 47.08	
	β Aquarii	W	10	21 24 11.16	+ 0.06	− 0.11	+ 1.00	− 46.90	
	ε Pegasi	W	12	21 38 51.14	+ 0.06	− 0.11	+ 0.86	− 46.98	
	16 Pegasi	W	9	21 46 10.90	+ 0.07	− 0.12	+ 0.69	− 46.86	
	α Aquarii	W	10	21 59 40.43	+ 0.03	− 0.11	+ 1.05	− 47.01	

Beobachtungen in Leipzig.

Name des Sterns	Kreislage	Zahl der Fäden	Durchgangszeit	Correct. für *i*	Correct. für *c*	Correct. für *k*	Uhr-Correct.
θ Pegasi	O	[illegible]	21ʰ [illegible]ᵐ [illegible]ˢ	[illegible]	[illegible]	[illegible]	[illegible]
41 Aquarii	O	[illegible]	[illegible]	[illegible]	[illegible]	[illegible]	[illegible]
θ Aquarii	O	[illegible]	[illegible]	[illegible]	[illegible]	[illegible]	[illegible]
Polstern L (O. C.)	O	[illegible]	[illegible]	[illegible]	[illegible]	[illegible]	
" L (O. C.)	W	[illegible]	[illegible]	[illegible]	[illegible]	[illegible]	
ζ Pegasi	W	[illegible]	[illegible]	[illegible]	[illegible]	[illegible]	[illegible]
63 Aquarii	W	[illegible]	[illegible]	0,00	[illegible]	[illegible]	[illegible]
λ Aquarii	W	[illegible]	[illegible]	[illegible]	[illegible]	[illegible]	[illegible]
α Piscis austr.							
α Pegasi							
23 Hevelii	O	[illegible]	[illegible]	[illegible]	[illegible]	[illegible]	[illegible]
α Capricorni	O	[illegible]	[illegible]	[illegible]	[illegible]	−1,07	[illegible]
68 Aquilae	O	[illegible]	[illegible]	[illegible]	[illegible]	[illegible]	[illegible]
Polstern K (U. C.)	O	[illegible]	[illegible]	[illegible]	[illegible]	[illegible]	
" K (U. C.)	W	[illegible]	[illegible]	[illegible]	[illegible]	[illegible]	
15 Delphini	W	[illegible]	[illegible]	[illegible]	[illegible]	[illegible]	[illegible]
μ Aquarii	W	[illegible]	[illegible]	0,00	[illegible]	[illegible]	[illegible]
16 Delphini	W	[illegible]	[illegible]	[illegible]	[illegible]	[illegible]	[illegible]
θ Capricorni	W	[illegible]	[illegible]	0,00	[illegible]	[illegible]	[illegible]
61¹ Cygni	W	[illegible]	[illegible]	[illegible]	[illegible]	[illegible]	[illegible]
61² Cygni	W	[illegible]	[illegible]	[illegible]	[illegible]	[illegible]	[illegible]
γ Equulei	W	[illegible]	[illegible]	[illegible]	[illegible]	[illegible]	[illegible]
α Equulei	W	[illegible]	[illegible]	[illegible]	[illegible]	[illegible]	[illegible]
Polstern F (U. C.)	W	[illegible]	[illegible]	[illegible]	[illegible]	[illegible]	
" F (U. C.)	O	[illegible]	[illegible]	[illegible]	[illegible]	[illegible]	
ι Capricorni	O						
δ Aquarii	O	[illegible]	[illegible]	[illegible]	[illegible]	[illegible]	[illegible]
ι Pegasi	O	[illegible]	[illegible]	[illegible]	[illegible]	[illegible]	[illegible]
16 Pegasi	O						
α Aquarii	O						
θ Pegasi	O	[illegible]	[illegible]	[illegible]	[illegible]	−0,77	[illegible]
41 Aquarii	O	[illegible]	[illegible]	[illegible]	[illegible]	[illegible]	[illegible]
θ Aquarii	O	[illegible]	[illegible] 7,51	[illegible]	[illegible]	[illegible]	[illegible]
Polstern L (O. C.)	O	[illegible]	[illegible]	[illegible]	[illegible]	+7,70	
" L (O. C.)	W	[illegible]	[illegible]	[illegible]	[illegible]	+7,70	
ζ Pegasi	W	[illegible]	[illegible] 7,04	[illegible]	[illegible]	[illegible]	[illegible]
63 Aquarii	W	[illegible]	[illegible]	0,00	[illegible]	[illegible]	[illegible]
λ Aquarii	W	[illegible]	[illegible]	[illegible]	[illegible]	[illegible]	[illegible]
α Piscis austr.	W						
α Pegasi	W						
23 Hevelii							
68 Aquilae							
Polstern K (O. C.)							
" K (O. C.)							
θ Capricorni							
61¹ Cygni							
61² Cygni							
γ Equulei							
α Equulei							
Polstern F (U. C.)							
" F (U. C.)							
ι Capricorni							
δ Aquarii							
ι Pegasi							
16 Pegasi							
α Aquarii							

Beobachtungen in Wien.

Tag 1875	Name des Sterns	Kreislage	Zahl der Fäden	Durchgangszeit	Correct. für i	Correct. für c	Correct. für k	Uhr-Correct.	Differenz der Uhren
November 14 Beobachter von Steeb	δ Pegasi	W	12	22h 4m 12s.15	+ 0.05	− 0.11	+ 0.96	− 46.80	
	41 Aquarii	W	12	22 8 15.20	+ 0.03	− 0.12	+ 1.18	− 46.95	
	θ Aquarii	W	12	22 11 2.88	+ 0.04	− 0.11	+ 1.17	− 46.89	
	Polstern L (O. C.)	W	6	22 23 40.24	+ 0.71	− 1.40	− 10.64		
	„ L (U. C.)	O	7	22 28 47.06	− 0.40	+ 1.16	− 10.64		
	ζ Pegasi	O	12	22 36 2.64	− 0.02	+ 0.09	+ 0.87	− 46.95	+ 2m 15s.16
	44 Pegasi	O	12	22 41 55.28	− 0.01	+ 0.10	+ 1.27	− 47.01	
	λ Aquarii	O	12	22 46 24.20	− 0.01	+ 0.09	+ 1.16	− 47.01	
	α Piscis austr.	O	12	22 51 28.10	0.00	+ 0.10	+ 1.57	− 46.97	+ 2 15.21
	α Pegasi	O	14	22 59 20.96	− 0.02	+ 0.09	+ 0.79	− 46.98	+ 2 15.17
	58 Pegasi	O	12	23 4 56.78	− 0.02	+ 0.09	+ 0.88	− 46.97	+ 2 15.18
	φ Aquarii	O	15	23 8 20.72	− 0.01	+ 0.09	+ 1.16	− 46.96	+ 2 15.15
	γ Piscium	O	12	23 11 20.06	− 0.01	+ 0.09	+ 0.92	− 46.99	+ 2 15.19
	Polstern M (O. C.)	O	6	23 28 51.38	− 0.27	+ 1.82	− 11.39		
	„ M (U. C.)	W	7	23 40 58.12	+ 0.59	− 1.67	− 11.88		
	21 Piscium	W	11	23 43 26.04	+ 0.03	− 0.11	+ 1.02	− 46.97	+ 2 15.24
	φ Pegasi	W	12	23 46 27.09	+ 0.01	− 0.12	+ 0.73	− 46.89	+ 2 15.21
	ω Piscium	W	13	23 52 42.50	+ 0.02	− 0.11	+ 0.93	− 46.91	+ 2 15.18
	α Andromedae	W	12	0 2 45.03	+ 0.06	− 0.12	+ 0.50	− 46.85	+ 2 15.25
	γ Pegasi	W	12	0 7 27.40	+ 0.02	− 0.11	+ 0.79	− 46.90	+ 2 15.23
	12 Ceti	W	11	0 24 26.98	+ 0.02	− 0.11	+ 1.11	− 46.98	+ 2 15.28
	33 Piscium	W	12	0 34 10.19	+ 0.04	− 0.12	+ 0.88	− 46.86	
	δ Ceti	W	12	0 32 5.16	+ 0.02	− 0.12	+ 1.04	− 46.94	+ 2 15.31
	58 Piscium	W	12	0 41 19.08	+ 0.03	− 0.11	− 0.88	− 46.91	+ 2 15.25
	Polstern A (O. C.)	W	6	0 53 10.63	+ 0.41	− 1.43	− 10.91		
	„ A (O. C.)	O	7	0 59 08.99	0.00	− 1.17	− 10.94		
	ζ Ceti	O	11	1 6 7.87	0.00	+ 0.09	+ 1.01	− 47.02	+ 2 15.30
	ε Piscium	O	12	1 7 47.59	0.00	+ 0.10	+ 0.89	− 46.01	+ 2 15.28
	? Piscium	O	12	1 12 10.56	0.00	+ 0.09	+ 0.98	− 47.08	+ 2 15.29
November 16 Beobachter von Steeb	Polstern K (O. C.)	O	6	20 24 21.59	+ 0.48	+ 0.58	− 4.86		
	„ K (O. C.)	W	5	20 34 28.20	+ 2.38	− 0.70	− 4.88		
	15 Delphini	W	12	20 43 28.24	+ 0.05	− 0.11	+ 0.83	+ 13.87	
	μ Aquarii	W	12	20 45 42.71	+ 0.04	− 0.11	+ 1.10	+ 13.80	
	16 Delphini	W	10	20 40 26.63	+ 0.06	− 0.11	+ 0.83	+ 13.96	
	γ Equulei	W	11	21 4 8.08	+ 0.06	− 0.11	+ 0.89	+ 13.88	
	α Equulei	W	15	21 9 02.60	+ 0.05	− 0.12	+ 0.97	+ 13.80	
	Polstern F (U. C.)	W	6	21 18 54.88	− 0.82	+ 0.78	+ 7.58		
	„ F (U. C.)	O	7	21 18 57.89	+ 0.05	− 0.64	+ 7.58		
	δ Aquarii	O	12	21 22 0.88	− 0.01	+ 0.09	+ 1.02	+ 13.81	
	ι Pegasi	O	12	21 37 50.89	− 0.01	+ 0.09	+ 0.90	+ 13.88	+ 2 16.60
	14 Pegasi	O	12	21 47 10.60	− 0.01	+ 0.10	+ 0.90	+ 13.87	
	α Aquarii	O	10	21 59 10.18	− 0.01	+ 0.09	+ 1.06	+ 13.88	+ 2 16.6
	δ Pegasi	O	12	22 3 41.97	− 0.01	+ 0.09	+ 0.90	+ 13.20	+ 2 16.59
	41 Aquarii	O	12	22 7 11.04	0.00	+ 0.10	+ 1.48	+ 13.10	
	θ Aquarii	O	12	22 10 9.57	− 0.01	+ 0.09	+ 1.19	+ 13.19	+ 2 16.60
	Polstern L (O. C.)	O	6	22 22 46.64	− 0.10	+ 1.11	− 10.79		
	„ L (O. C.)	W	7	22 28 48.79	+ 0.40	− 1.40	− 10.79		
	ζ Pegasi	W	13	22 35 4.15	+ 0.03	− 0.11	+ 0.88	+ 13.27	+ 2 16.6
	68 Aquarii	W	12	22 40 28.68	+ 0.02	− 0.12	+ 1.59	+ 13.21	
	λ Aquarii	W	12	22 45 34.21	+ 0.02	− 0.11	+ 1.18	+ 13.28	+ 2 16.7
	α Piscis austr.	W	12	22 50 35.24	+ 0.01	− 0.12	+ 1.52	+ 13.17	+ 2 16.6
	α Pegasi	W	13	22 58 20.86	+ 0.03	− 0.11	+ 0.81	+ 13.09	+ 2 16.5

Beobachtungen in Leipzig.

Name des Sterns	Kreislage	Zahl der Fäden	Durchgangszeit	Correct. für i	Correct. für c	Correct. für k	Uhr-Correct.	Längendifferenz
θ Pegasi								
41 Aquarii								
θ Aquarii								
Polstern L (O. C.)	W	8	22h 25m 38s,27	+ 0s,17	— 4,78	+ 7s,48		
» L (O. C.)	O	8	22 28 11,12	— 0,14	+ 4,40	+ 7,66		
ζ Pegasi	O	11	22 33 10,60	— 0,01	+ 0,83	— 0,71	— 5m 3s,14	15m 47s,08
60 Aquarii	O							
λ Aquarii	O							
α Piscis austr.	O	11	22 50 38,92	0,00	+ 0,40	— 1,24	— 5 3,01	15 47,13
α Pegasi	O	11	22 [illegible] 17,87	0,00	+ 0,86	— 0,65	— 5 3,10	15 47,03
55 Pegasi	O	11	23 [illegible] 19,84	+ 0,01	+ 0,83	— 0,79	— 5 3,26	15 47,08
φ Aquarii	O	11	23 10 66,74	0,00	+ 0,85	— 0,01	— 5 3,21	15 47,15
γ Piscium	O	11	23 18 18,08	+ 0,01	+ 0,83	— 0,80	— 5 3,25	15 47,16
Polstern M (O. C.)	O	5	23 20 55,05	+ 0,14	+ 5,85	+ 10,50		
» M (O. C.)	W	5	23 30 10,40	+ 3,34	— 5,83	+ 10,50		
81 Piscium	W	10	23 40 0,00	+ 0,08	— 0,47	— 0,80	— 5 3,21	15 47,21
φ Pegasi	W	11	23 49 14,01	+ 0,04	— 0,89	— 0,65	— 5 3,10	15 47,08
ω Piscium	W	11	23 58 0,05	+ 0,08	— 0,87	— 0,70	— 5 3,19	15 47,15
π Andromedae	W	11	0 5 4,75	+ 0,05	— 0,12	— 0,47	— 5 3,08	15 47,09
γ Pegasi	W	11	0 9 44,85	+ 0,04	— 0,80	— 0,66	— 5 3,15	15 47,10
44 Ceti	W	11	0 15 18,44	+ 0,08	— 0,87	— 0,85	— 5 3,10	15 47,07
34 Piscium	W							
β Ceti	W	11	0 40 10,48	+ 0,01	— 0,89	— 1,05	— 5 3,27	15 47,16
60 Piscium	W	11	0 43 66,07	+ 0,05	— 0,83	— 0,80	— 5 3,16	15 47,09
Polstern A (O. C.)	W	5	0 48 44,18	+ 0,64	— 4,84	+ 7,75		
» A (O. C.)	O	6	0 56 [illegible],46	+ 0,08	+ 4,30	+ 7,75		
η Ceti	O	9	1 5 24,66	+ 0,01	+ 0,86	— 0,95	— 5 3,89	15 47,11
ν Piscium	O	8	1 10 5,76	+ 0,02	+ 0,88	— 0,68	— 5 3,24	15 47,13
ζ Piscium	O	11	1 14 47,80	+ 0,09	+ 0,85	— 0,79	— 5 3,52	15 47,09
Polstern K (O. C.)								
» K (O. C.)								
13 Delphini								
μ Aquarii								
16 Delphini								
γ Equulei								
α Equulei								
Polstern F (U. C.)	W	5	21 22 44,57	— 0,44	+ 4,47	— 5,58		
» F (U. C.)	O	5	21 28 10,30	— 0,30	— 2,23	— 5,58		
δ Aquarii	O							
ε Pegasi	O	11	21 41 4,83	+ 0,05	+ 0,83	— 0,70	— 5 3,85	15 47,04
16 Pegasi	O							
α Aquarii	O	11	21 [illegible] 60,80	+ 0,08	+ 0,82	— 0,06	— 5 3,44	15 47,04
θ Pegasi	O	11	22 7 9,02	+ 0,08	+ 0,85	— 0,77	— 5 3,09	15 47,05
41 Aquarii	O							
θ Aquarii	O	11	22 18 11,18	+ 0,09	+ 0,88	— 0,94	— 5 3,41	15 47,05
Polstern L (O. C.)	O	4	22 23 11,70	+ 0,14	+ 4,10	+ 7,65		
» L (O. C.)	W	1	22 25 10,94	+ 0,78	— 4,48	+ 7,65		
ζ Pegasi	W	11	22 33 20,71	+ 0,05	— 0,86	— 0,72	— 5 3,10	15 47,14
60 Aquarii	W							
λ Aquarii	W	5	22 40 [illegible]	+ 0,04	— 0,78	— 0,91	— 5 3,18	15 47,18
α Piscis austr.	W	11	22 53 52,97	+ 0,02	— 9,12	— 1,20	— 5 3,46	15 47,25
α Pegasi	W	11	23 1 59,19	+ 0,07	— 0,88	— 0,66	— 5 3,99	15 47,08

Beobachtungen in Wien.

Tag 1874	Name des Sterns	Kreislage	Zahl der Fäden	Durchgangszeit	Correct. für i	Correct. für c	Correct. für k	Uhr-Correct.	Differenz der Uhren
November 18	56 Pegasi	W	10	23h 0m 58s.37	+0s.03	−0s.11	+ 0.88	+13s.31	[illegible]
Beobachter	ψ Aquarii	W	12	23 07 53.85	+0.09	−0.11	+ 1.16	+13.27	[illegible]
von Steeb	γ Piscium	W	12	23 10 29.91	+0.03	−0.11	+ 1.01	+13.03	
	Polstern M (O.C.)	W	6	23 27 53.14	+0.50	−1.07	−14.79		
	" M (O.C.)	O	7	23 27 60.16	−0.53	+1.33	−14.79		
	94 Piscium	O	12	23 43 59.06	−0.08	+0.03	+ 1.05	+13.03	
	φ Pegasi	O	13	23 45 56.81	−0.04	+0.09	+ 0.74	+13.01	
	ω Piscium	O	12	23 53 14.36	−0.08	+0.08	+ 0.93	+13.13	
	α Andromedae	O	12	0 1 45.09	−0.04	+0.10	+ 0.56	+13.31	[illegible]
	γ Pegasi	O	12	0 6 37.47	−0.08	+0.08	+ 0.81	+13.17	[illegible]
	12 Ceti	O	15	0 23 18.63	−0.08	+0.09	+ 1.12	+13.10	[illegible]
	55 Piscium	O	15	0 33 10.83	−0.04	+0.10	+ 0.80	+13.01	[illegible]
	η Ceti	O	12	0 37 7.94	−0.08	+0.08	+ 1.14	+13.14	[illegible]
	58 Piscium	O	15	0 40 19.64	−0.08	+0.09	+ 0.86	+13.16	
	Polstern A (O.C.)	O	6	0 52 9.07	−0.41	+1.17	−14.05		
	" A (O.C.)	W	7	0 54 11.45	+0.14	−1.43	−14.06		
	ζ Ceti	W	12	1 2 7.07	+0.01	−0.11	+ 1.03	+13.00	[illegible]
	ψ Piscium	W	12	1 6 47.85	+0.01	−0.10	+ 0.83	+13.30	[illegible]
	χ Piscium	W	12	1 14 10.54	+0.01	−0.11	+ 1.00	+13.00	[illegible]
	ε Piscium	W	12	1 24 27.14	+0.01	−0.11	+ 0.41	+13.03	[illegible]
	μ Piscium	W	12	1 30 14.06	+0.01	−0.11	+ 0.90	+13.09	[illegible]
	ν Piscium	W	12	1 34 45.16	+0.01	−0.11	+ 0.97	+13.09	[illegible]
	Polstern G (U.C.)	W	6	1 35 23.64	−0.06	+0.95	+ 9.09		
	" G (U.C.)	O	7	1 45 29.16	+0.17	−0.76	+ 9.00		
	60 Ceti	O	10	1 50 36.45	−0.09	+0.09	+ 1.08	+13.15	
	α Arietis	O	12	1 59 37.74	−0.08	+0.10	+ 0.65	+13.01	[illegible]
	15 Arietis	O	13	2 3 51.63	−0.08	+0.09	+ 0.78	+13.03	[illegible]
	67 Ceti	O	13	2 10 35.34	−0.08	+0.09	+ 1.16	+13.14	[illegible]
	ξ² Ceti	O							

VII. Ableitung der Endresultate.

a. *Aus gleichen an jedem Abend auf beiden Stationen beobachteten Sternen.*

Obwohl die Beobachter bemüht gewesen sind, an den heiteren Abenden auf beiden Stationen dieselben Sterne zu beobachten, ist dies doch nicht immer gelungen, und ebenso wie bei früher ausgeführten Längenbestimmungen werde ich daher versuchen, das Resultat einmal aus den identischen Sternen, welche auf beiden Stationen an jedem Abend gesehen sind, anderntheils dann aber auch aus allen beobachteten Sternen abzuleiten.

Um zunächst zu untersuchen, ob eine Differenz zwischen Kreis-

Beobachtungen in Leipzig.

Tag 1875	Name des Sterns	Kreislage	Zahl der Fäden	Durchgangszeit	Correct. für i	Correct. für c	Correct. für k	Uhr-Correct.	Längendifferenz
November 10 Beobachter Weinek	35 Pegasi	W	4	23h 5m 31ˢ.00	+ 0.08	− 0.15	− 0.73	− 0m 8ˢ.50	15m 47ˢ.04
	φ Aquarii	W	4	23 10 30.48	+ 0.06	− 0.16	− 0.09	− 0 3.43	15 47.11
	γ Piscium	W							
	Polstern M (O. C.)	W	5	23 30 48.48	+ 1.47	− 5.03	+ 10.31		
	„ M (O. C.)	O	5	23 39 07.86	+ 1.98	+ 5.49	+ 10.61		
	21 Piscium	O							
	φ Pegasi	O							
	ω Piscium	O							
	α Andromedae	O	10	0 2 2.81	+ 0.07	+ 0.67	− 0.41	− 0 8.40	15 47.08
	γ Pegasi	O	8	0 8 51.06	+ 0.09	+ 0.39	− 0.57	− 0 8.30	15 47.08
	12 Ceti	O	11	0 23 47.00	+ 0.04	+ 0.88	− 0.86	− 0 8.46	15 46.98
	33 Piscium	O	11	0 26 27.67	+ 0.05	+ 0.35	− 0.55	− 0 8.20	15 46.88
	β Ceti	O	11	0 43 25.65	+ 0.02	+ 0.34	− 1.02	− 0 8.60	15 47.00
	64 Piscium	O							
	Polstern A (O. C.)	O	6	0 53 3.00	+ 0.32	+ 4.20	+ 7.81		
	„ A (O. C.)	W	5	0 65 12.30	+ 0.30	− 4.54	+ 7.65		
	ζ Ceti	W	11	1 6 30.41	+ 0.04	− 0.36	− 0.97	− 0 8.50	15 47.08
	φ Piscium	W	11	1 10 0.71	+ 0.06	− 0.32	− 0.81	− 0 8.40	15 47.16
	ζ Piscium	W	11	1 44 20.84	+ 0.00	− 0.36	− 0.89	− 0 8.50	15 47.09
	ξ Piscium	W	11	1 27 50.00	+ 0.05	− 0.06	− 0.84	− 0 0.42	15 47.10
	ο Piscium	W	11	1 38 06.76	+ 0.08	− 0.06	− 0.79	− 0 9.88	15 46.86
	ν Piscium	W	11	1 34 0.70	+ 0.07	− 6.35	− 0.75	− 0 3.40	15 40.07
	Polstern G (U. C.)	W	5	1 48 1.28	− 0.00	+ 3.01	− 0.51		
	„ G (U. C.)	O	5	1 40 6.50	− 0.48	− 2.77	− 0.61		
	80 Ceti	O							
	α Arietis	O	11	2 0 15.84	+ 0.07	+ 0.28	− 0.85	− 2 8.47	15 47.01
	15 Arietis	O	11	2 6 40.41	+ 0.06	+ 0.34	− 0.01	− 2 8.81	15 46.97
	67 Ceti	O	11	2 13 02.70	+ 0.04	+ 0.30	− 0.92	− 0 8.40	15 47.00
	ξ² Ceti	O	11	2 24 36.47	+ 0.05	+ 0.35	− 0.75	− 2 8.46	

lage West und Kreislage Ost besteht, ferner ob die einzelnen von einander unabhängigen Zeitbestimmungen — unter Zeitbestimmung ist die Beobachtung eines Polsterns und sechs bis acht Zeitsternen verstanden — dieselben Resultate geben, habe ich auf beiden Stationen für jede Kreislage zunächst für die Uhrstände und für die Längendifferenzen die Mittel genommen.

Die erhaltenen Werthe sind die folgenden:

Tabelle XXX. Mittelwerthe aus

1875	Kreis-lage	Wiener Uhrzeit	Uhrcorrection	Zahl der Sterne	Kreis-lage
October 8	W	$20^h\,20^m.7$	$-0^m\,31^s.817$	3	W
	O	20 47.0	−0 31.837	3	O
	O	21 4.7	−0 31.872	4	O
	W	21 42.2	−0 31.748	5	W
	W	22 7.6	−0 31.737	3	W
	O	22 41.3	−0 31.757	3	O
October 9	O	21 3.6	−0 30.068	5	O
	W	21 42.1	−0 29.940	3	W
	W	22 7.7	−0 29.897	3	W
	O	22 46.8	−0 29.918	5	O
	O	23 8.0	−0 29.880	3	O
	W	23 48.3	−0 29.748	4	W
October 19	W				W
	W	21 3.8	−0 16.100	4	W
	O	21 42.1	−0 16.122	5	O
	O	22 7.3	−0 16.110	3	O
	W	22 45.5	−0 15.980	4	W
	W	23 7.7	−0 15.920	3	W
	O	23 52.7	−0 15.935	4	O
November 2	O	20 51.3	−0 4.090	5	O
	W	21 41.7	−0 4.208	5	W
	W	22 7.3	−0 4.290	3	W
	O	22 46.3	−0 4.186	5	O
	O	23 7.3	−0 4.523	3	O
	W	23 51.3	−0 4.578	5	W
November 3	W	20 20.2	−0 8.893	3	W
	O	20 46.6	−0 9.093	3	O
	O	21 3.7	−0 9.207	4	O
	W	21 41.8	−0 9.238	5	W
	W	22 7.4	−0 9.370	3	W
	O	22 46.5	−0 9.616	5	O
November 4	O	20 20.3	−0 14.223	3	O
	W	20 46.0	−0 14.243	3	W
	W	21 3.3	−0 14.332	5	W
	O	21 41.9	−0 14.558	5	O
	O	22 7.4	−0 14.640	3	O
	W	22 46.6	−0 14.736	5	W

den Beobachtungsresultaten.

Leipziger Uhrzeit	Uhrcorrection	Zahl der Sterne	Längendifferenz	Zahl der Sterne
$20^h 22^m.4$	$-2^m 16^s.533$	3	$15^m 46^s.963$	3
20 48.7	−2 16.603	3	46.973	3
21 6.6	−2 16.620	3	46.930	2
21 36.1	−2 16.570	3	46.927	3
22 9.5	−2 16.633	3	46.950	3
22 43.1	−2 16.673	3	46.907	3
21 6.6	−2 17.650	3	15 46.940	3
21 36.1	−2 17.627	3	46.933	3
22 9.3	−2 17.687	3	47.017	3
22 43.1	−2 17.770	3	46.990	3
23 9.8	−2 17.727	3	46.977	3
23 49.7	−2 17.713	3	47.013	3
20 49.0	−2 30.390	3		
21 5.3	−2 30.407	4	15 47.197	3
21 36.3	−2 30.437	3	47.137	3
22 9.7	−2 30.500	3	47.177	3
22 48.9	−2 30.560	4	47.257	3
23 10.0	−2 30.553	3	47.320	3
23 49.9	−2 30.437	3	47.127	3
21 5.9	−2 47.626	5	15 47.192	4
21 36.6	−2 47.630	3	47.210	3
22 10.0	−2 47.633	3	47.287	3
22 48.2	−2 47.664	5	47.208	5
23 10.3	−2 47.683	3	47.247	3
23 50.2	−2 47.670	3	47.293	3
20 26.3	−2 48.317	3	15 47.203	3
20 49.3	−2 48.357	3	47.213	3
21 5.9	−2 48.354	5	47.135	5
21 36.6	−2 48.347	3	47.187	2
22 10.0	−2 48.397	3	47.227	3
22 43.6	−2 48.487	3	47.187	3
20 23.0	−2 49.443	3	15 47.233	3
20 49.0	−2 49.487	3	47.403	3
21 6.0	−2 49.502	5	47.344	5
21 38.5	−2 49.375	2	47.155	2
22 10.1	−2 49.497	3	47.227	3
22 43.6	−2 49.520	3	47.287	3

1875	Kreislage	Wiener Uhrzeit	Uhrcorrection	Zahl der Sterne	Kreislage
November 14	W	20ʰ 20ᵐ8	−0ᵐ46ˢ863	2	
	O	21 3.9	−0 47.050	5	
	W	21 42.5	−0 46.958	5	
	W	22 8.0	−0 46.913	3	
	O	22 47.1	−0 46.990	5	O
	O	23 8.3	−0 46.973	3	O
	W	23 59.9	−0 46.913	6	W
	W	0 37.9	−0 46.903	3	W
	O	1 7.7	−0 47.013	3	O
November 16	W	20 46.2	+ 13.243	3	
	W	21 6.7	+ 13.230	2	
	O	21 44.3	+ 13.225	1	O
	O	22 7.0	+ 13.163	3	O
	W	22 46.1	+ 13.232	5	W
	W	23 7.2	+ 13.287	3	W
	O	23 58.9	+ 13.182	6	O
	O	0 36.9	+ 13.167	3	O
	W	1 6.7	+ 13.197	3	W
	W	1 29.9	+ 13.213	3	W
	O	2 2.7	+ 13.200	4	O

Um die Differenzen zwischen Kreislage Ost und Kreislage West zu finden, sind die in der vorstehenden Tabelle enthaltenen Uhrcorrectionen auf dieselben Uhrzeiten zu reduciren, und dazu bedarf man der Uhrgänge. Dieselben sind abgeleitet aus den erhaltenen Zeitbestimmungen, selbstverständlich mit Berücksichtigung der zwischen Kreis Ost und Kreis West bestehenden Differenz, und hat sich gefunden:

	Wiener Uhr stündlicher Gang	Leipziger Uhr stündlicher Gang
October 8	+ 0ˢ053	− 0ˢ041
„ 9	+ 0.088	− 0.042
„ 19	+ 0.086	− 0.045
November 2	− 0.185	− 0.020
„ 3	− 0.255	− 0.059
„ 4	− 0.246	− 0.027
„ 14	+ 0.010	− 0.051
„ 16	− 0.008	− 0.005

Am Pendel der Wiener Uhr wurde, wie schon erwähnt, einige Mal geschraubt, daher die starken Aenderungen des Ganges.

Leipziger Uhrzeit	Uhrcorrection	Zahl der Sterne	Längendifferenz	Zahl der Sterne
22ʰ 51ᵐ.3	−3ᵐ 2ˢ.183	3	15ᵐ 47ˢ.127	3
23 10.3	−3 2.240	3	47.170	3
0 7.4	−3 2.170	6	47.100	6
0 42.0	−3 2.205	2	47.125	2
1 40.0	−3 2.317	3	47.107	3
21 54.8	−3 3.390	2	15 47.040	2
22 40.2	−3 3.400	2	47.015	2
22 50.8	−3 3.407	4	47.070	4
23 8.9	−3 3.465	4	47.180	2
0 13.8	−3 3.480	3	47.050	3
0 38.4	−3 3.380	2	46.940	2
1 10.0	−3 3.510	3	47.093	3
1 33.2	−3 3.420	3	47.017	3
2 42.1	−3 3.422	4	47.003	3

Das Gewicht einer jeden der folgenden Differenzen Kreis Ost — Kreis West ist nach der Formel:

$$\frac{4pp'}{p+p'}$$

berechnet und jedem Sterne das Gewicht 1 gegeben.

Es findet sich:

1865, Tag	Wien		Leipzig		Längendifferenz	
	Ost — West	Gewicht	Ost — West	Gewicht	Ost — West	Gewicht
October 8	−0ˢ.013	6.0	−0ˢ.055	6.0	+0ˢ.010	6.0
	−0.090	8.9	−0.070	6.0	+0.003	4.8
	−0.049	6.0	−0.017	6.0	−0.013	6.0
October 9	−0.071	10.0	−0.044	6.0	+0.007	6.0
	−0.078	7.5	−0.059	6.0	−0.027	6.0
	−0.073	6.9	−0.042	6.0	−0.036	6.0
October 19	−0.077	8.9	−0.007	6.9	−0.060	6.0
	−0.075	6.9	+0.031	6.9	−0.080	6.0
	−0.080	6.9	+0.146	6.0	−0.193	6.0

1876, Tag	Wien		Leipzig		Längendifferenz	
	Ost — West	Gewicht	Ost — West	Gewicht	Ost — West	Gewicht
November 2	−0^{s}026	10.0	−0^{s}006	7.5	−0^{s}028	6.9
	−0.072	7.5	+0.002	7.5	−0.079	7.5
	−0.089	7.5	−0.026	6.0	−0.016	6.0
November 3	−0.088	6.0	−0.017	6.0	−0.080	6.0
	−0.113	8.9	−0.037	7.5	−0.052	5.7
	−0.080	7.5	−0.057	6.0	−0.040	6.0
November 4	−0.088	6.0	+0.072	6.0	−0.150	6.0
	−0.068	10.0	+0.142	5.7	−0.189	5.7
	−0.045	7.5	+0.008	6.0	−0.010	6.0
November 14	−0.102	5.7	−0.114	8.0	+0.048	12.0
	−0.084	7.5	−0.028	4.8	−0.018	4.8
	−0.051	8.0				
	−0.115	6.0				
November 16	0.000	5.3	+0.061	5.3	−0.028	8.0
	−0.074	7.5	−0.009	4.8	−0.130	4.8
	−0.098	8.0	+0.127	4.8	−0.153	4.8
	−0.034	6.0	+0.001	6.9	−0.014	6.0
	−0.009	6.9				

Beachtet man, dass October 8, 9, November 14 und 16 die Beobachter an ihren Wohnorten beobachteten, October 10, November 2, 3 und 4 aber gewechselt hatten, so hat man mit Berücksichtigung der Gewichte:

	Wiener Instrument			Leipziger Instrument		Längendifferenz	
	Ost — West	Gewicht		Ost — West	Gewicht	Ost — West	Gewicht
v. Sterb in Wien	−0.070 ±0.007	96.9	Weineck in Leipzig	−0.030 ±0.011	70.6	−0.098 ±0.009	78.3
Weineck in Wien	−0.074 ±0.005	93.6	v. Sterb in Leipzig	+0.016 ±0.016	70.8	−0.088 ±0.011	78.1

Auf beiden Stationen ist daher eine Differenz zwischen Kreis Ost und Kreis West, aber bei dem Wiener Instrument ist die Differenz bei beiden Beobachtern nicht nur nahe dieselbe, sondern sie ist auch beträchtlich und scheint reell zu sein; bei dem Leipziger Instrument hat sie bei den beiden Beobachtern verschiedenes Zeichen und ist ausserdem klein, so dass, wie man aus den wahrscheinlichen Fehlern ersieht, an der Realität gezweifelt werden kann. Der Einfluss, welcher aus dem nicht identischen Verfahren der beiden Beobachter die Neigung anzubringen (s. S. 296 [16]) herrührt, ist im Mittel, wie man sich leicht überzeugen kann, verschwindend klein. Ob die Differenz zwischen den Kreislagen von einer seitlichen Biegung der Instrumente, oder von einer Verschiedenheit der persönlichen Gleichung bei Polsternen und Zeitsternen, oder von der entgegengesetzten Bewegungsrichtung der Sterne in den Fernröhren mit gebrochener Achse herrührt, braucht hier nicht erörtert zu werden — ich bin geneigt, mich für letzteres auszusprechen.

Dadurch, dass man Kreis Ost und Kreis West immer mit einander verbindet, fällt der Fehler heraus, und es ist, um ein Endresultat abzuleiten, noch erforderlich, sich für eine Gewichtseinheit zu entscheiden. Von der Anzahl der Polsterne hängt die Sicherheit der Ermittelung der Collimation und des Azimutes ab und die in den Instrumentalfehlern begangenen Fehler gehen unmittelbar in die Uhrcorrectionen und daher auch in die Längendifferenzen über. Zu denselben kommen die Beobachtungsfehler der Zeitsterne, und nehmen wir der Einfachheit wegen an, dass die Genauigkeit bei allen Polsternen die gleiche und ebenso auch die Genauigkeit bei den verschiedenen Zeitsternen unter einander dieselbe sei, d. h. nehmen wir nicht Rücksicht auf die Anzahl der beobachteten Fäden und auf die Verschiedenheit der Declination und bezeichnen den mittleren Fehler, den eine Polsternbeobachtung hervorbringt, mit m, den einer Zeitsternbeobachtung mit n, so ist der mittlere Fehler für p Polsterne in Verbindung mit z Zeitsternen gleichzusetzen

$$\sqrt{\frac{m^2}{p} + \frac{n^2}{z}},$$

und das Gewicht ist proportional der Grösse:

$$\frac{pz}{n^2 p + m^2 z}.$$

Nehmen wir als Gewichtseinheit die Combination eines Polsternes mit einem Zeitsterne an, so wird die Bedingung zu erfüllen sein, dass

$$m^2 + n^2 = 1$$

sein muss.

Da die Beobachtungsfehler, wenn man mit Auge und Ohr beobachtet, sich zusammensetzen aus dem Gesichts- und dem Gehörfehler, oder, wenn man registrirt, aus dem Gesichts- und dem

Handfehler (eigentlich dem Fehler, der durch das Signalgeben mit der Hand entsteht), so kann man den Fehler von der Form

$$\frac{a + b \sec \delta}{\sqrt{f}}$$

setzen, wo b der Gesichts-, a der Gehör- oder Handfehler, f die Anzahl der Fäden, δ die Declination des Sternes bezeichnet. Aus einer Anzahl von Beobachtungen von Zeitsternen und aus den Polsternen habe ich gefunden, dass bei $f = 11$ Fäden für einen Zeitstern nahe

$$\frac{a + b \sec \delta}{\sqrt{f}} = 0^s.03$$

ist; aus einem Polstern folgt der mittlere Fehler nahe zu:

$$0^s.02.$$

Setze ich daher:

$$\frac{m}{n} = \frac{2}{3},$$

und erfülle die Gleichung:

$$m^2 + n^2 = 1,$$

so wird

$$n^2 = \frac{9}{13} = 0.7$$

$$m^2 = \frac{4}{13} = 0.3,$$

und das Gewicht g findet sich nach obiger Gleichung:

$$g = \frac{p\,z}{0.7\,p + 0.3\,z} \text{ *)}.$$

Ist g_w das in Wien, g_l das in Leipzig gefundene Gewicht, so ist das Gewicht der Differenz der Uhrcorrectionen und der Längendifferenz:

$$G = \frac{g_w g_l}{g_w + g_l}.$$

Für die an beiden Stationen beobachteten identischen Sterne findet sich als Längendifferenz aus der Tabelle XXX, wenn man einfach aus den in Kreislage Ost und Kreislage West beobachteten Sternen das Mittel nimmt, die Gewichte nach der gegebenen Formel berechnet und die persönliche Gleichung:

$$\text{Steeb} - \text{Weinek}' = s - w$$

nennt:

*) Diese anzuwendende Gewichts-Formel hat Herr von Oppolzer mir mitgetheilt.

1873	Längendifferenz − (s − σ)	p	n	Gewicht
October 8	15ᵐ46ˢ.942	3 und 3	17	3.5
» 9	46.978	3 » 3	18	3.6
November 14	47.124	5 » 3	17	4.1
» 16	47.053	6 » 5	24	5.8
Mittel	15ᵐ47ˢ.031			17.0

1873	Längendifferenz + (s − σ)	p	n	Gewicht
October 19	15ᵐ47ˢ.203	3 und 4	18	4.0
November 2	47.241	3 » 3	21	3.7
» 3	47.207	3 » 3	19	3.7
» 4	47.286	3 » 3	19	3.7
Mittel	15ᵐ47ˢ.233			15.1

Es ist demnach die persönliche Gleichung

$$s - \sigma = +\,0^s.101.$$

Mit Berücksichtigung der persönlichen Gleichung wird daher die Längendifferenz:

October 8	15ᵐ47ˢ.043	Gewicht 3.5
» 9	47.079	3.6
» 19	47.101	4.1
November 2	47.140	5.8
» 3	47.106	4.0
» 4	47.185	3.7
» 14	47.225	3.7
» 16	47.154	3.7

Längendifferenz = 15ᵐ47ˢ.130 ± 0ˢ.012 Gewicht 32.1

Nimmt man gar keine Rücksicht auf die Anzahl der beobachteten Sterne oder giebt man, wie ich es früher gethan, jedem Abend dasselbe Gewicht, so erhält man mit Hilfe der Werthe in beiden obigen Tabellen:

Längendifferenz − $(s - \sigma)$ = 15ᵐ47ˢ.024
» + $(s - \sigma)$ = 15 47.234
mithin $s - \sigma = +\,0^s.105$,

und die Längendifferenz:

October 8	15m47:047
„ 9	47.083
„ 19	47.097
November 2	47.136
„ 3	47.102
„ 4	47.181
„ 14	47.229
„ 16	47.158
Mittel	15m47:129 ± 0:014

Um noch, wie oben schon gesagt ist, zu untersuchen, ob die einzelnen Zeitbestimmungen dieselben Resultate geben, stelle ich die Resultate nach den Polsternen zusammen, bringe aber gleich die gefundene persönliche Gleichung

$$s_{\omega} - r = +\ 0{:}101$$

überall an, um die Resultate direct vergleichbar zu haben.

Es findet sich die Längendifferenz aus den Zeitbestimmungen mit:

	Polstern X	Polstern F	Polstern L	Polstern M	Polstern A	Polstern G
Octbr. 8	15m47:069	15m47:030	15m47:030			
„ 9		47.038	47.105	15m47.096		
„ 19		47.066	47.116	47.122		
Novbr. 2		47.105	47.116	47.169		
„ 3	47.112	47.060	47.106			
„ 4	47.217	47.148	47.181			
„ 14			47.239*	47.236	15m47:217	
„ 16		47.152*	47.159	47.216	47.118	15m47:111
Mittel	15m47:146	15m47:080	15m47:128	15m47:168	15m47:168	15m47:111

Mittel 15m47:128 ± 0:008.

Der wahrscheinliche Fehler ist so klein gefunden, weil jeder einzelnen Zeitbestimmung das Gewicht 1 gegeben ist. Berechnet man noch die wahrscheinlichen Fehler zu den Mittelwerthen der Längendifferenz, geordnet nach den Polsternen, so erhält man:

*) An die Kreislage Ost ist nach S. 130 + 0:311 = ½ West — Ost angebracht und diesen Werthen nur halbes Gewicht gegeben.

Längendifferenz = 15m 17s.146 ± 0s.031
17.080 ± 0.013
17.128 ± 0.015
17.168 ± 0.018
17.168 ± 0.031
17.141

wovon der erste, dritte, fünfte und sechste Werth ganz innerhalb der wahrscheinlichen Fehler mit dem Mittelwerth übereinstimmt, während der zweite und vierte um die geringe Grösse von einigen hundertstel Secunden ausserhalb der Grenzen liegt.

Um zu sehen, ob nach Rectascension und Declination der Sterne geordnet, sich auch die genügende Uebereinstimmung zeigt, sind die Längendifferenzen in den folgenden Tabellen nach den genannten Polarcoordinaten geordnet zusammengestellt. Um die Werthe mit einander wieder vergleichbar zu haben, ist die persönliche Gleichung angebracht, auf die Differenz zwischen den Kreislagen aber keine Rücksicht genommen, weil dieselbe im Mittel herausfällt.

Es findet sich:

Stern	AR	Längendifferenz	Zahl der Beobacht.
23 Hevelii	20h 17m	15m 17s.110	3
ν Capricorni	20 20	17.136	3
69 Aquilae	20 23	17.143	3
15 Delphini	20 44	17.170	3
μ Aquarii	20 46	17.143	3
18 Delphini	20 50	17.186	3
θ Capricorni	20 59	15 17.117	5
61¹ Cygni	21 1	17.111	4
61² Cygni	21 1	17.229	1
γ Equulei	21 4	17.096	5
α Equulei	21 10	17.081	6
ι Capricorni	21 30	17.042	5
d Aquarii	21 33	17.070	6
ε Pegasi	21 38	17.080	7
α Aquarii	21 59	17.141	4
θ Pegasi	22 1	15 17.128	7
41 Aquarii	22 7	17.118	6
θ Aquarii	22 10	17.128	7
ζ Pegasi	22 35	17.131	8
68 Aquarii	22 44	17.118	6
λ Aquarii	22 46	17.117	5
α Piscis austr.	22 51	17.170	3
α Pegasi	22 59	17.182	4
58 Pegasi	23h 4m	15m 17s.221	5
ψ Aquarii	23 8	17.186	5
γ Piscium	23 11	17.162	4
21 Piscium	23 43	17.145	4
φ Pegasi	23 46	17.130	4
ω Piscium	23 53	17.135	4
α Andromedae	0 2	17.186	2
γ Pegasi	0 7	17.191	2
12 Ceti	0 21	17.131	2
55 Piscium	0 33	15 16.981	1
β Ceti	0 37	17.181	1
58 Piscium	0 41	17.191	1
η Ceti	1 2	17.171	2
σ Piscium	1 7	17.211	2
f Piscium	1 11	17.191	2
η Piscium	1 25	15 17.201	1
π Piscium	1 30	17.081	1
ν Piscium	1 35	17.071	1
α Arietis	2 0	17.141	1
15 Arietis	2 4	17.071	1
67 Ceti	2 11	17.101	1

Es findet sich, wenn man die Sterne in sechs Gruppen theilt, welche durch die Striche angedeutet sind, mit Rücksicht auf die Anzahl der Beobachtungen:

	Mittlere AR	Längendifferenz	Anzahl der Beobachl.
Erste Gruppe	$20^h 33^m$	$13^m 17^s.153$	18
Zweite »	21 19	17.089	10
Dritte »	22 28	17.132	17
Vierte »	23 34	17.167	32
Fünfte »	0 53	17.174	10
Sechste »	1 18	17.111	6
Mittel	$22^h 18^m$	$13^m 17^s.133$	153

Obwohl die wahrscheinlichen Fehler der einzelnen Gruppen nur zwischen $\pm 0^s.01$ und $\pm 0^s.02$ liegen, ja bei einzelnen noch geringer sind, zeigt sich doch weder ein fortschreitender, noch ein periodischer Gang und sind die Abweichungen theils der Unsicherheit der Instrumentalfehler, theils zufälligen Beobachtungsfehlern zuzuschreiben.

Nach Declinationen geordnet erhält man:

Name	Decl.	Längendifferenz	Zahl der Beobachl.
α Piscis austrini	$-30° 17'.4$	$13^m 17^s.170$	3
41 Aquarii	−21 41.7	17.118	6
68 Aquarii	−20 15.9	17.118	8
ι Capricorni	−20 1.5	17.042	5
β Ceti	−18 40.4	17.181	2
x Capricorni	−18 37.2	17.136	3
θ Capricorni	−17 13.7	17.117	5
η Ceti	−10 50.7	13 17.171	2
μ Aquarii	− 9 27.1	17.143	3
θ Aquarii	− 8 24.3	17.128	7
λ Aquarii	− 8 14.7	17.117	6
67 Ceti	− 6 59.9	17.101	1
φ Aquarii	− 6 13.4	17.186	5
12 Ceti	− 4 38.9	17.134	2
69 Aquilae	− 3 18.0	17.143	3
α Aquarii	− 0 55.6	17.141	1

Name	Decl.	Längendifferenz	Zahl der Beobacht.
21 Piscium	+ 0° 23.'0	15ᵐ47ˢ.143	4
d Aquarii	+ 1 44.0	47.070	6
γ Piscium	+ 2 36.0	47.162	4
f Piscium	+ 2 57.3	47.191	2
α Equulei	+ 4 43.9	47.081	6
ν Piscium	+ 4 51.3	47.071	1
23 Hevelii	+ 4 56.7	47.160	3
θ Pegasi	+ 5 35.0	47.128	7
ω Piscium	+ 6 10.3	47.135	4
58 Pegasi	+ 9 8.7	47.224	5
ι Pegasi	+ 9 18.2	47.080	7
γ Equulei	+ 9 37.7	47.096	5
ζ Pegasi	+ 10 10.8	15 47.131	8
58 Piscium	+ 11 17.8	47.191	1
α Piscium	+ 11 30.4	47.081	1
15 Delphini	+ 12 4.8	47.170	3
16 Delphini	+ 12 5.8	47.186	3
γ Pegasi	+ 14 29.3	47.191	2
α Pegasi	+ 14 32.0	47.182	4
ψ Piscium	+ 14 42.0	47.201	1
σ Pegasi	+ 18 23.0	47.130	4
15 Arietis	+ 18 54.6	47.071	1
35 Piscium	+ 20 45.1	15 46.981	4
α Arietis	+ 22 52.2	47.141	1
φ Piscium	+ 23 55.3	47.241	2
α Andromedae	+ 28 24.0	47.186	2
61¹ Cygni	+ 38 8.4	47.144	4
61² Cygni	+ 38 8.4	47.229	1

Bildet man hier die 5 schon abgetheilten Gruppen, so erhält man:

	Decl.	Längendifferenz	Zahl der Beobacht.
Erste Gruppe	— 20°49′	15ᵐ47ˢ.116	30
Zweite »	— 7 48	47.144	30
Dritte »	+ 5 32	47.122	54
Vierte »	+ 13 15	47.153	28
Fünfte »	+ 30 49	47.150	14
Mittel	1° 5′	15ᵐ47ˢ.133	

Bei den wahrscheinlichen Fehlern von nahe ± 0ˢ.02 der einzelnen Gruppen stimmen die Resultate befriedigend überein, und wir nehmen daher als Resultat aus den an den einzelnen Abenden an beiden Stationen beobachteten identischen Sternen nach S. 353 (73) an:

Längendifferenz = 15m47s130 ± 0s012.

b. *Ableitung des Resultates aus allen beobachteten Sternen.*

Zu dem Zwecke sind zuerst aus allen beobachteten Zeit-Sternen die Uhrcorrectionen nach den Kreislagen zu Mitteln vereinigt und auch dazu das Mittel der Uhrzeiten genommen. Wenn die Uhrzeiten in Wien und Leipzig genau so viel von einander verschieden wären, als die Uhrzeiten in Tafel XXVII, für welche die Uhrdifferenzen gelten, so wäre die Längendifferenz einfach gleich der Differenz der Uhrcorrectionen an beiden Orten vermehrt um die für die Uhrzeiten geltende Uhrdifferenz, d. h. mit den Bezeichnungen auf S. 333 (53)

1875	Kreislage	Uhrzeit Wien T	Uhr-Correction Δt	Zahl der Sterne	Uhrzeit Leipzig T'
October 8	W	21h26m9	−31s674	11	21h22m7
	O	21 28.1	−31.827	10	21 32.8
October 9	O	22 12.0	−29.967	13	22 19.8
	W	22 30.6	−29.865	12	22 31.8
October 19	W	22 14.6	−16.007	14	21 57.4
	O	22 32.0	−16.037	12	22 31.0
November 2	O	22 8.4	− 4.342	13	22 16.4
	W	22 38.6	− 4.369	13	22 32.3
November 3	W	21 26.5	− 9.189	11	21 28.0
	O	21 12.3	− 9.349	12	21 24.3
November 4	O	21 26.6	−14.489	14	21 22.0
	W	21 39.2	−14.475	13	21 27.8
November 14	W	22 48.9	−46.918	19	24 12.1
	O	22 15.2	−46.004	16	23 43.9
November 16	O	23 13.6	+13.183	20	24 13.1
	W	23 7.7	+13.234	19	24 9.2

$$t = U + (\Delta t - \Delta t')\,,$$

wo die Grösse U sich leicht findet, da dieselbe aus den Werthen der Tabelle XXVII interpolirt werden kann, denn der Uhrgang kann für die kurze Zeit der Beobachtung als gleichförmig angenommen werden. Da die obige Voraussetzung aber bei dem Mittel der Uhrzeiten nicht stattfindet, ist an die eine Uhrcorrection noch eine kleine Verbesserung anzubringen, welche wir die Reduction nennen wollen. Wie schon oben gesagt, ist der Uhrgang der Leipziger Uhr ein regelmässigerer als der der Wiener Uhr gewesen und daher ist es am vortheilhaftesten, die Leipziger Uhrcorrection auf die Uhrzeit, welche gleich ist der Wiener Uhrzeit minus der Uhrdifferenz aus Tab. XXVII, zu reduciren. Der Uhrgang der Leipziger Uhr ist schon S. 346 (68) gegeben und in der folgenden Zusammenstellung sind alle Daten enthalten:

Uhr-Correction $\Delta t'$	Zahl der Sterne	Reduction von $\Delta t'$	$\Delta t - \Delta t'$ + Red.	U	t
$-2^m16^s.579$	9	$+0^s.007$	$+1^m44^s.808$	$14^m\ 2^s.138$	$15^m46^s.915$
16.632	9	+0.013	44.792	2.134	46.926
−2 17.748	9	+0.015	+1 47.731	13 59.232	46.968
17.678	9	+0.011	47.800	59.203	47.003
−2 30.479	11	−0.004	+2 14.476	13 32.779	47.255
30.458	9	+0.009	14.393	32.749	47.141
−2 47.654	13	+0.007	+2 43.305	13 3.923	47.228
47.631	9	+0.002	43.280	4.011	47.291
−2 48.394	11	+0.014	+2 39.188	13 8.079	47.267
48.353	9	−0.003	39.009	8.127	47.136
−2 59.431	8	+0.004	+2 34.938	13 12.301	47.239
59.485	11	+0.001	35.009	12.341	47.350
−3 2.181	8	+0.084	+2 15.179	13 31.921	47.100
2.217	9	+0.062	15.181	31.924	47.105
−3 3.421	13	+0.004	+3 16.600	12 30.416	47.010
3.446	12	+0.007	16.673	30.425	47.098

Um den Fehler in den beiden Kreislagen zu eliminiren, ist für jeden Tag einfach das Mittel zu nehmen. Bestimmt man die Gewichte nach der S. 352 (72) gegebenen Formel, so hat man:

Tag	Längendifferenz $-(s-w)$	Gewicht	Tag	Längendifferenz $+(s-w)$	Gewicht
October 8	$15^m 46^s.936$	3.7	October 19	$15^m 47^s.198$	4.3
» 9	46.981	3.7	November 2	47.260	3.9
November 14	47.102	4.5	» 3	47.202	3.8
» 16	47.057	6.4	» 4	47.294	3.8
Mittel	$15^m 47^s.029$	18.3	Mittel	$15^m 47^s.237$	15.8

Daraus $s - w = + 0^s.104$

und die Längendifferenz:

October 8	$15^m 47^s.040$	Gewicht 3.7
9	47.088	3.7
19	47.094	4.3
November 2	47.156	3.9
3	47.098	3.9
4	47.190	3.8
14	47.206	4.5
16	47.161	6.4
Mittel	$15^m 47^s.133$	34.1

und den wahrscheinlichen Fehler $\pm 0^s.013$.

Nimmt man ohne Rücksicht auf die Gewichte das Mittel, so erhält man:

$$15^m 47^s.020 - (s - w)$$
$$15 \;\; 47.238 + (s - w)\,,$$

daher

$$s - w = + 0^s.109$$

und die Längendifferenz

$$15^m 47^s.129 \pm 0^s.013.$$

Mit Berücksichtigung der früheren Werthe nehmen wir daher

$$l = 15^m 47^s.131.$$

In Wien beträgt die Reduction auf den östlichen Pfeiler, welcher von Herrn von Oppolzer als Normalpunkt angenommen wird,

$$+ 0^s.015\,;$$

in Leipzig, wo im kleinen östlichen Meridianzimmer beobachtet, ist die Längendifferenz mit der Mitte des grossen Refractorpfeilers, welcher als Centrum der Sternwarte angenommen wird, 9,4 Meter oder

$$+ 0^s.032\,,$$

so dass also die neue Wiener Sternwarte auf der Türkenschanze

$$15^m 47^s.178 \pm 0^s.013$$

östlicher als das Centrum der Leipziger Sternwarte liegt.

Im Jahre 1865 war gefunden:
Centrum der Leipziger Sternwarte westlich vom Beobachtungspfeiler auf dem Laaer Berge

$$15^m 2^s.262 \pm 0^s.015 - 0^s.036 = 15^m 2^s.226 \pm 0^s.015.$$

Die Differenz Türkenschanze — Laaer Berg ist nach Herrn von Oppolzer's Ermittelungen

$$- 15^s.091\,,$$

so dass, mit Rücksicht der Reduction von $+ 0^s.015$, das frühere Resultat:

$$15^m 17^s.150$$

ist. Der wahrscheinliche Fehler wird, da die Längendifferenz Türkenschanze — Laaer Berg auch auf telegraphischem Wege ermittelt, nahe $\pm 0^s.020$ sein.

Wir nehmen daher mit Rücksicht auf die wahrscheinlichen Fehler als Endresultat an:
Wiener Sternwarte auf der Türkenschanze, östlicher Pfeiler, östlich vom Centrum der Leipziger Sternwarte

$$15^m 47^s.17 \pm 0^s.011.$$

Inhalt.

—

www.ingramcontent.com/pod-product-compliance
Lightning Source LLC
Chambersburg PA
CBHW020309090426
42735CB00009B/1285